Peter Clausing
Die grüne Matrix

Peter Clausing, geb 1950 in Magdeburg unterstützt seit 1998 in verschiedenen Zusammenhängen mexikanische MenschenrechtsaktivistInnen und ist in der Chiapas-Solidarität aktiv. Er vertritt *Partner Südmexikos e.V.* in der Deutschen Menschenrechtskoordination Mexiko.

Neben seiner aktiven Teilnahme an der BUKO-Kampagne gegen Biopiraterie und seiner derzeitigen Mitarbeit beim Portal www.agrardebatte.de arbeitet er schon seit Jahren journalistisch zu dem Themenkomplex Biodiversität und Welternährung. Im Jahr 2008 erschien unter dem Pseudonym Klaus Pedersen *Naturschutz und Profit* im Unrast Verlag. Seine Wortmeldungen in Tageszeitungen und Fachzeitschriften sind auf www.welternaehrung.de archiviert und im Unrast Verlag gibt er gemeinsam mit Luz Kerkeling die Reihe *Studien zur globalen Gerechtigkeit* heraus.

Peter Clausing

Die grüne Matrix

Naturschutz und Welternährung
am Scheideweg

UNRAST

Bibliographische Information der Deutschen Bibliothek
Die Deutsche Bibliothek verzeichnet diese Publikation in der Deutschen
Nationalbibliographie; detaillierte bibliographische Daten sind im Inter-
net über http://dnb.ddb.de abrufbar.

Peter Clausing
Die grüne Matrix
1. Auflage, September 2013
ISBN 978-3-89771-517-2

© UNRAST-Verlag, Münster
Postfach 8020, 48043 Münster – Tel. (0251) 66 62 93
www.unrast-verlag.de – kontakt@unrast-verlag.de
Mitglied in der Assoziation Linker Verlage (ALiVe)

Umschlaggestaltung unter Verwendung zweier Fotografien von:
© Beboy - Fotolia.com
© Heino Pattschull - Fotolia.com
Satz: UNRAST Verlag, Münster
Druck: CPI – Ebner & Spiegel, Ulm

Inhalt

Danksagung

Uwe Hoering und Anne Schweigler haben die kritische Durchsicht großer Teile des Manuskripts mit wertvollen Ratschlägen und ermutigenden Worten verbunden. Ihnen gilt mein besonderer Dank nicht nur dafür, sondern auch für Jahre der Freundschaft und damit verbundene Gespräche, die zu diesem Buch inspiriert haben. Marianne Klute danke ich für Informationen aus erster Hand zur Situation in Indonesien und Oluyede C. Ajayi für die Überlassung von Bildmaterial.

Für Julika und Leoni

Vorwort

Das muss man der Weltbank lassen – oft hat sie das Gespür für die nächste ›Entwicklungsstrategie‹, die Wachstum, Wohlstand, Gerechtigkeit zu bringen verspricht. Und sie verfügt über die diskursive und institutionelle Macht, um damit die Debatten und Politiken zu prägen. Das war auch so, als sie mit dem Weltentwicklungsbericht 2008 das Ende des ›Agrarpessimismus‹ ausrief. Seit den 1980er Jahren war die traditionelle Landwirtschaft dem Verdikt zum Opfer gefallen, dass mit ihr nicht die Ernährung der Weltbevölkerung, kein Gewinn und schon gar keine Entwicklung zu schaffen und daher Investitionen ökonomisch nicht zu rechtfertigen seien. Millionen Familienbetriebe, oft außerhalb der landwirtschaftlichen »Gunststandorte«, wurden ignoriert und weiter marginalisiert, von Regierungen und Entwicklungsfinanziers wie der Weltbank gleichermaßen.

Stattdessen wurde auf die Grüne Revolution gesetzt, die vorwiegend agrartechnologische Steigerung der Produktion durch ein Paket aus Hochertragssorten von Reis, Mais und Weizen, Dünger, Pestiziden und intensiver Bewässerung. Doch obwohl damit genug preiswerte Nahrungsmittel erzeugt wurden, blieb die Zahl der Hungernden fest zementiert. Denn die Zahl der Armen blieb hoch, besonders in den ländlichen Regionen. Die sozialen und ökologischen Folgen der Grünen Revolution sind inzwischen vielfach dokumentiert – ebenso wie das Ende dieser Revolution durch den Zangengriff von Bodendegradation und Wassermangel einerseits, dem Abflachen der Produktionszuwächse andererseits. Richtig in Schwung kam die Wiederentdeckung der Landwirtschaft in der Politik von Weltbank und Industrieländern durch die Wachstums- und Finanzkrise und die Suche des Kapitals nach neuen Investitions- und Gewinnmöglichkeiten – mit der Agrar- und Ernährungsindustrie als der Speerspitze, aber auch mit zahlreichen anderen Branchen, die die ländliche Entwicklung und deren Profitpotentiale entdeckt haben.

Jetzt ist Agraroptimismus angesagt, unübersehbar, unüberhörbar. Und das nicht nur bei Finanzspekulanten und Investmentfonds, die mit Agrarland und Agrarprodukten Gewinne machen wollen. Oder bei Investoren, die versprechen, die bäuerliche Landwirtschaft ›in die Wertschöpfungsketten zu integrieren‹. Sondern auch bei Entwicklungsfinanzierern und Regierungen, die dafür zuständig sind, durch öffentliche Investitionen und rechtliche und institutionelle >Reformen< die entsprechenden günstigen Investitionsvoraussetzungen zu schaffen. Kein Gipfeltreffen von G8 oder G20, bei dem nicht Bekenntnisse zur Unterstützung der Landwirtschaft, zu Ernährungssicherheit und Armutsminderung durch ländliche Entwicklung abgegeben würden. Bäuerliche Landwirtschaft ist en vogue. Die Unterstützung für die einstmals >Verdammten ihrer kleinen Felder< scheint der Königsweg für einen neuen Entwicklungsschub, durch den Hunger und Armut dieses Mal nun aber wirklich verschwinden werden. Und die Neue Grüne Revolution gibt sich ökologisch, indem sie sich bei bestehenden Konzepten wie Agrarökologie und Anbaumethoden mit weniger Agrargiften bedient und eine Anpassung an den Klimawandel, eine schonende Nutzung von Land- und Wasserressourcen und die Erhaltung der agrarbiologischen Vielfalt verspricht.

Das wäre zu begrüßen, wäre es nicht ein Prozess der Einvernahme. Es sind die selben Akteure, die selben Interessen, das selbe System wie bei der Grünen Revolution, durch die dieser Prozess angestoßen, geprägt und vorangetrieben wird. Er ist das nächste >Große Design<, top-down, im Vertrauen auf Privatwirtschaft, Markt und Technologie. Die Bauern und Bäuerinnen wurden dabei nicht gefragt oder in die Planungen einbezogen. Allerdings geht es auch weniger um sie. Es geht in Wahrheit um ihr Land, um ihr Wasser, um ihre biologische Vielfalt. Es ist ein Zweckoptimismus, um die Agenda der Agrarindustrie umzusetzen. Der Katzenjammer ist somit auch vorprogrammiert: Die Wenigsten werden an dieser Integration in die Wertschöpfungsketten, an dieser Expansion der kapitalistischen Agrarindustrie teilhaben oder gar davon profitieren können – der Rest wird schon längst mehr oder minder unverhohlen als überflüssige ländliche Bevölkerung betrachtet. Für sie wird bestenfalls an >Sozialen Netzen< gestrickt, nicht an Möglichkeiten, in und mit der Landwirtschaft zu leben.

Der Agraroptimismus hat aber auch ein ganz anderes >Window of Opportunity<, wie es neudeutsch heißt, aufgestoßen. In vielen Ländern nehmen die Proteste gegen Land Grabbing, gegen großflächige Agrarinvestitionen, gegen asymmetrischen Freihandel und weitere wirtschaftliche Liberalisierung zu. Plötzlich sind die Bauern und Bäuerinnen wieder in Bewegung. Und mit dem Widerstand hat die Suche nach Alternativen Auftrieb. Aus den >Vergessenen der Erde< werden gefragte Partner, was ihre Spielräume vergrößert und ihre Verhandlungspositionen stärkt. Denn noch besitzen sie die Ressourcen, die das Kapital für die weitere Expansion benötigt. In einer Mobilisierung sozialer Bewegungen, die neue selbstbestimmte Perspektiven sehen, könnte eine historische Chance liegen.

Doch nur wenn deutlich wird, was ihnen nützt, und was nicht, was leere Versprechungen, was falsche Verlockungen, was realistische Optionen sind, für die es sich zu kämpfen lohnt, wird aus dieser Chance eine reale Alternative. Ansonsten wird der Widerstand gespalten oder fügt sich den vergifteten Angeboten der Agrarindustrie. Notwendig ist daher unter anderem, das Geflecht von Verschleierung und diskursiver Verbrämung, von Diskreditierung oder Kooptierung von Alternativen, aus vorgeblichen Sachzwängen und begrenzten Zugeständnissen zu durchdringen, ein Geflecht, an dem im Übrigen nicht nur Industrie und Staat stricken, sondern auch große transnationale Naturschutzverbände wie der WWF. Dies zu durchschauen, dafür leistet dieses Buch einen wichtigen Beitrag.

Uwe Hoering, Juli 2013

Einleitung

Zwei große Themen – Biodiversität und Welternährung – stehen unweigerlich im Zusammenhang mit der Verfügbarkeit ein- und derselben weltumspannenden Ressource: Land. Der Zugang zu dieser Ressource ist zunehmend umkämpft und wird in immer größerem Ausmaß von Regierungen, Unternehmen und großen Nichtregierungsorganisationen (NGOs) kontrolliert und in immer kleinerem Umfang von seinen traditionellen NutzerInnen.

Wer Land kontrolliert, hat zugleich die Macht, die Art und Weise seiner Nutzung zu bestimmen. Diese trägt zuweilen sehr hässliche Züge, was, wenn es bekannt wird, in der Öffentlichkeit Empörung hervorruft. Die Vertreibung und Ausbeutung von Menschen und die Zerstörung der Umwelt durch Chemikalien und Monokulturen zählen dazu. Jene, denen die Empörung entgegenschlägt, verfügen über verschiedene Techniken, dieser zu begegnen, ohne am eigentlichen Zustand etwas ändern zu müssen. Dazu gehören Verschleierung, diskursive Verbrämung, die Diskreditierung von Alternativen, das Vorschützen von Sachzwängen, teil- und/oder zeitweise Zugeständnisse, die Kooption von Alternativen (um sie anschließend unwirksam zu machen) und die Zersplitterung des Widerstandes bzw. der öffentlichen Meinung.

Mit den Techniken zur ›Zerstreuung von Empörung‹ verhindern sie oft bereits im Vorfeld (bevor »eine Idee zur materiellen Gewalt wird, die die Massen ergreift«, Marx), dass sich eine solche kritische Masse handelnder Menschen zusammenfindet, um unerträgliche Zustände dauerhaft zu verändern.

Im vorliegenden Buch geht es um unerträgliche Zustände, um Alternativen, und um einige konkrete Beispiele für Techniken der ›Zerstreuung von Empörung‹.

Einer der unerträglichen Zustände ist die fortgesetzte Enteignung jener, die ohnehin fast nichts haben, die Enteignung der ländlichen Bevölkerung in den Ländern des Südens. Doch während *Land Grabbing* seit einigen Jahren in aller Munde ist, allerdings ohne dass dieser Prozess dadurch gestoppt oder auch nur verlangsamt wurde, findet ein zweites *Grabbing* statt, mit dem ironischerweise das allgemein bekannte Land Grabbing indirekt gerechtfertigt wird. Unter dem ›Sachzwang‹ eine wachsende Weltbevölkerung ernähren und gleichzeitig die biologische Vielfalt erhalten zu müssen, wurde ein Diskurs über *Land Sparing* begonnen, der im deutschen Sprachraum bisher kaum angekommen ist. Es wird suggeriert, eine Lösung des Problems der Flächenkonkurrenz zwischen Naturschutz und Landwirtschaft gefunden zu haben. Die Konzentration der Menschen in Städten (Urbanisierung) und die Fortschritte der modernen Landwirtschaft (Grüne Revolution, Gentechnologie) versprechen, den Druck der Agrarproduktion auf die Natur zu verringern – Land wird frei für den Naturschutz, indem die Landnutzung in anderen Bereichen so intensiviert wird, dass dennoch die Ernährung der Weltbevölkerung sichergestellt werden kann.

Die geistigen Urheber dieses Konzepts haben ihre Ideen vor knapp 20 Jahren erstmalig artikuliert. Zu jenen, die diese Ideen praktisch umsetzen, gehören transnationale Naturschutzorganisationen, die den Schulterschluss mit der Industrie gefunden haben, Organisationen, die Legitimation für naturzerstörerische Konzerne schaffen und von diesen auch finanziert werden. Das Konzept ist bestens geeignet, um die anhaltende Kritik an der agroindustriellen Entwicklung, die im Land Grabbing und in der Privatisierung des Saatguts ihren aktuellen Ausdruck findet, zu entkräften: Industrielle Landwirtschaft als der gemeinsame Nenner zur Sicherung von Welternährung *und* Naturschutz.

Die Notwendigkeit, im Jahr 2050 eine Weltbevölkerung von etwa 9,3 Milliarden Menschen zu ernähren und den kontinuierlichen Verlust der Biodiversität einzudämmen, ist unbestritten. Um dies zu erreichen, gibt es aber auch ein Gegenmodell zur oben beschriebenen Vision von menschenleeren Nationalparks inmitten von ebenfalls menschenleeren Agrarwüsten. Das Gegenmodell wird als *Land Sharing* bezeichnet, ein wissenschaftliches Konzept, mit dem Landwirtschaft und Naturschutz in Einklang gebracht werden könnten, ohne dass Menschen vertrieben oder zur Abwanderung in die Städte gezwungen werden. Land Sharing favorisiert eine Matrix aus bäuerlich bewirtschafteten Agrarflächen und, darin eingebettet, naturbelassenen Flächen. Auf diese Weise kann dem Streben nach Ernährungssouveränität und dem Schutz der biologischen Vielfalt gleichermaßen Rechnung getragen werden. Die dazu notwendigen system- und agrarökologischen Kenntnisse sind in wachsendem Maße vorhanden. Die im Weltagrarbericht zusammengefassten Alternativen zu einer industriellen Großflächenwirtschaft untermauern das Konzept (vgl. IAASTD 2009), ein Konzept, das von Olivier de Schutter, Sonderbeauftragter der Vereinten Nationen für das Recht auf Nahrung, favorisiert und von einflussreichen Beratern politischer Zirkel, wie dem britischen Ökonomieprofessor Paul Collier angefeindet wird.

Die Anwendung agrarökologischer Anbauverfahren führt nicht automatisch zu einer gerechteren Gesellschaft, schafft aber – im Gegensatz zu Großflächenwirtschaft und Agrarmonopolen – eine Voraussetzung dafür. Land Sharing und Agrarökologie sind nicht frei von Widersprüchen, deren Lösung im Stil von »preguntando caminamos«[1] gesucht werden muss. Doch zuvor muss sich das Konzept der Unterstellung erwehren, dass auf seiner Basis die Ernährung der Weltbevölkerung nicht gesichert werden könne.

Im ersten Teil des Buches geht es um Land Grabbing in einem sehr weit gefassten Sinn. Ausgehend von einer Betrachtung über den ›Boden als ultimative Ressource‹ wird hervorgehoben, dass – flächenmäßig betrachtet – die Enteignungsprozesse im Naturschutz-Kontext dem breit diskutierten agrarischen Land Grabbing mehr als ebenbürtig sind. Hinzu kommt, dass dank der Arbeit kritischer EthnologInnen die sozialen und ökonomischen Folgen des Land Grabbings im Naturschutzbereich besser untersucht und dokumentiert sind. Deshalb werden zunächst die dortigen Enteignungsprozesse und ihre diskursive Verschleierung betrachtet. Letztere schöpft unter anderem aus der Behauptung, die Errichtung von Schutzgebieten habe einen armutslindernden Effekt für die in ihrer Nähe lebenden Menschen, eine Behauptung, die Anlass gab, der Sache im Abschnitt ›Schutzgebiete: Armutsfalle oder Weg aus der Armut?‹ auf den Grund zu gehen. Dass und unter welchen Voraussetzungen Naturschutz zeitweilig zur Armutslinderung beitragen kann, ist Thema des anschließenden Kapitels ›Gemeindebasierter Naturschutz‹.

Im zweiten Teil des Buches geht es um Land Sparing. Wie eingangs erwähnt, suggeriert der Land-Sparing-Diskurs, über eine Lösung für den Konflikt zwischen Biodiversitätsschutz und Welternährung zu verfügen. Da dieses Konzept, das mit Naturschutzargumenten die industrielle Landwirtschaft und damit indirekt das Land Grabbing rechtfertigt, im deutschen Sprachraum wenig bekannt ist, wird es zunächst ausführlich vorgestellt. Zwei wichtige Facetten, die in dieses Konzept hineinspielen, sind die erhoffte Wiederbewaldung der Erde sowie die daran geknüpfte Voraussetzung – die Abwanderung der Menschen in die Städte, die nach Darstellung ihrer BefürworterInnen freiwillig erfolgt und aus ökologischer Sicht zu begrüßen ist. Der Realitätsgehalt der Hoffnung auf eine Rückkehr der Wälder wird anhand eines historischen Rückblicks auf ähnliche Prozesse im

---

1 »Fragend schreiten wir voran« – Slogan der zapatistischen Bewegung.

19.und 20. Jahrhundert untersucht. Beim Thema Urbanisierung wird der verbreitete Diskurs von der Freiwilligkeit (die Suche nach einem bequemeren Leben in der Stadt) als Triebkraft dieser demografischen Entwicklung kritisch betrachtet und es werden die offiziellen Statistiken hinterfragt.

Eingangs war von Techniken zur Zerstreuung von Empörung die Rede. *Greenwashing*, die Schnittstelle zwischen Agrobusiness und dem transnationalen Naturschutzgeschäft, ist ein Paradebeispiel. Ihm ist der dritte Teil des Buches gewidmet. Am Beispiel der ›Runden Tische‹ zu Palmöl und Soja wird gegenübergestellt, was sich in der Realität abspielt und mit welchen Diskursen Scheinwelten geschaffen werden, die sich auch in Strategiepapieren des Bundesministeriums für wirtschaftliche Zusammenarbeit (BMZ) wiederfinden.

Im vierten Teil des Buches geht es um die ›grüne Matrix‹. Sie ist die materielle Grundlage für das Konzept des Land Sharing. Dieses Gegenkonzept zu Agrarwüsten und Naturschutzfestungen wurde originär von zwei ÖkologieprofessorInnen entwickelt, die sich explizit auf soziale Basisbewegungen wie die brasilianische Landlosenbewegung MST und *La Via Campesina* beziehen. Dass Bioprodukte allein noch keine gerechtere Welt erschaffen, liegt auf der Hand, deshalb definiert sich Agrarökologie im umfassenden Sinn auch als »Ökologie des gesamten Nahrungsmittelsystems, einschließlich seiner ökologischen, ökonomischen und sozialen Dimensionen« (Francis u.a. 2003, S.100)[2]. Zugleich müssen sich die Protagonisten dieses Konzepts gegen Anschuldigungen wehren, dass die Ertragspotenziale agrarökologischen Anbaus nicht ausreichen würden, um die Weltbevölkerung zu ernähren und dass kleine Betriebe nicht effizient seien. Wir schauen nach, was an dieser Sache dran ist. Anschließend wird am Bespiel der zwei wichtigsten Körnerfrüchte, Reis und Mais, illustriert, mit welchen konkreten agrarökologischen Methoden die Ertragspotenziale besser ausgeschöpft werden können. Die in Afrika herrschende Ambivalenz bezüglich der künftigen landwirtschaftlichen Entwicklung wird am Beispiel der Aktivitäten der *Gates-Stiftung* und anderer ›wohltätiger‹ Organisationen erläutert. Diese versuchen, profitable kleinbäuerliche Betriebe mit inputintensiven landwirtschaftlichen Modellen in globale Wertschöpfungsketten zu integrieren. Aber die Gates-Stiftung verfügt auch über einen Plan B, falls sich entgegen ihren Erwartungen agrarökologischer Anbau durchsetzen sollte. Für diesen Fall existiert das bislang wenig beachtete Projekt

---

2 Alle Zitate sind vom Autor selbst übersetzt.

N2Africa, mit dem die Saatgutbasis der biologischen Stickstoffanreicherung im Boden, das Leguminosen-Saatgut, privatisiert werden soll. Die
zwei abschließenden Kapitel zu Malawi und Niger beschreiben die konkrete Entwicklung in zwei der ärmsten Länder der Welt, wo Agrarökologie,
insbesondere Agrarforstwirtschaft, Bedeutung erlangt haben, aber zugleich
den Einflüssen (neo)kolonialer Mächte ausgesetzt sind.

9

Land Grabbing

Der Boden – ultimative Ressource und Objekt der Begierde

Das Land, der Boden, ist die ultimative Ressource, die Voraussetzung jeder Produktion. Selbst der Cyberspace beansprucht eine Fläche, wo seine Server stehen, und den Boden, der die Seltenen Erden und andere Erze enthält, aus denen die Computer hergestellt werden. Dass der Boden für die Produktion von Biomasse – Nahrung, Viehfutter, Energiepflanzen, Holz – unerlässlich ist, leuchtet sofort ein. Er ist unsere Lebensgrundlage, denn auf ihm wachsen die Produkte, die wir täglich verbrauchen. Aber er ist auch die Existenzgrundlage für jene, die diese Produkte erzeugen. Nicht ohne Grund gab es in der Vergangenheit immer wieder gewaltsame Konflikte um seine Kontrolle. *Tierra y Libertad* – Land und Freiheit – war der Ruf zahlreicher lateinamerikanischer Revolten und Revolutionen. Auch andernorts wurde für eine umverteilende Bodenreform gekämpft. Ländereien wurden besetzt. Staatliche Sicherheitskräfte in Komplizenschaft mit ›Weißen Garden‹, den paramilitärischen Formationen mächtiger Großgrundbesitzer, machten solche Landbesetzungen zumeist wieder rückgängig.

Unbestreitbar gibt es schon heute eine Flächenkonkurrenz zwischen Biomasseproduktion und Biodiversitätsschutz. Dass diese sich in der Zukunft noch verstärken wird, steht außer Frage. Auf der eisfreien Fläche der Erde (133 Millionen km^2) befinden sich derzeit etwa 45 Millionen km^2 landwirtschaftliche Nutzfläche (Ackerfläche, Weide) und etwa 18 Millionen km^2 Naturschutzgebiete. Die für landwirtschaftliche Produktion geeignete Fläche ist begrenzt. Zirka drei bis vier Millionen Quadratkilometer könnten noch in Nutzung genommen werden. Auch die unter Naturschutz gestellten Flächen sollen noch einmal um fünf Prozent der globalen Landfläche erweitert werden, was einen Zuwachs von über 40 Prozent bedeuten würde (von derzeit zwölf auf 17 Prozent). Die benötigte zusätzliche Fläche für Agrotreibstoffe bis 2030 wird auf 0,44 bis 1,18 Millionen km^2 geschätzt (vgl. Lambin / Meyfroidt 2011). Die Weltbevölkerung wird bis 2050 Schätzungen zufolge um zirka 2,2 Milliarden Menschen anwachsen. Der Konflikt scheint vorgezeichnet. Was liegt also näher, als durch eine weitere Intensivierung die Flächen effizienter zu nutzen, um dadurch den Druck auf andere Flächen zu nehmen? Doch wer gewinnt und wer verliert dadurch und ist das der einzige Weg, das Problem zu lösen?

Die Explosion der Weltmarktpreise für Agrarprodukte im Jahr 2008 hatte unterschiedliche Auswirkungen. Die unmittelbar Betroffenen in über 40 Ländern des Südens reagierten mit sogenannten Brotrevolten, was wiederum finanzstarke Länder mit – zumindest perspektivisch – prekärer Eigenversorgung (China, Südkorea, Golfstaaten) aufschreckte. Anstatt auf den Zukauf von Nahrungsmitteln auf dem Weltmarkt zu bauen, begannen diese Länder damit, Flächen in großem Stil zu kaufen bzw. langfristig zu pachten. Unter dem Eindruck der kurze Zeit später eintretenden globalen Finanzkrise entdeckten diverse Investoren derartige Landtransaktionen als ›sicheren Hafen‹ für vagabundierendes, nach Anlagemöglichkeiten suchendes Kapital. Dies fand beispielsweise sein Echo auf der Website der DWS, Investmenttochter der Deutschen Bank, die potenzielle Anleger zeitweilig mit dem Slogan lockte: »Die rasant wachsende Weltbevölkerung, ... Land- und Wasserknappheit – all das sind Punkte, die für überdurchschnittlich gute Perspektiven der Agrarwirtschaft sprechen.«[3]

In Zeiten unruhiger Finanzmärkte und stark schwankender Lebensmittelpreise ist der Boden neuen Begehrlichkeiten ausgesetzt. Doch wenn uns beim Stichwort Land Grabbing unweigerlich die Berichte von den großflächigen Landtransaktionen vor Augen stehen, die seit 2008 zu beobachten sind, sollte nicht vergessen werden, dass diese Transaktionen ohne die weltweite Liberalisierung der Landmärkte, die bereits in den 1990er Jahren erfolgte, nicht möglich wären. Die umverteilenden Landreformen der 1950er-1970er Jahre erteilten häufig Nutzungs- aber keine Eigentumsrechte, sodass das Land nicht verkauft werden konnte. Durch die neoliberale Brille betrachtet, war dies ein Entwicklungshindernis. Während Weltbank, Welternährungsorganisation (FAO), Europäische Union und die Geldgeber bilateraler Zusammenarbeit zu Zeiten der Blockkonfrontation ein aktives Eingreifen in Landfragen als zu sensibel betrachteten, änderte sich diese Politik in den 1990er Jahren und es wurden große Geldmengen für Katasterprojekte und andere Maßnahmen im Rahmen marktbasierter Landreformen ausgegeben. Das führte teils zu neuen Ungerechtigkeiten, weil es gut vernetzten Menschen gelang, sich Land auf Kosten anderer überschreiben zu lassen, und in manchen Regionen, insbesondere in afrikanischen Ländern, erwiesen sich die Katasterprojekte als nicht besonders effektiv (vgl. Zoomers 2010). Dessen ungeachtet schufen sie die Voraussetzungen für den 2008 einsetzenden Kaufrausch.

---

3 http://www.dws.de/DE/showpage.aspx?pageID=84 [18.02.2010, nicht mehr verfügbar]

Die NGO GRAIN (2012) schätzt, dass mittlerweile zwischen 80 und 227 Millionen Hektar den Eigentümer gewechselt bzw. einen Pächter gefunden haben[4], von denen laut BMZ (2012, S.3) »angeblich mehr als 130 Millionen Hektar allein auf Afrika (entfallen)«. Die Zahlen klingen dramatisch. Sie sind es auch, besonders wenn man berücksichtigt, dass damit ein Geschehen beschrieben wird, das sich in nur fünf Jahren ereignet hat.

Doch auch die für unsere Existenz unverzichtbare biologische Vielfalt, gelegentlich schlicht >die Natur< genannt, beansprucht Land. So stehen die 800.000 bis 2,27 Millionen km² landwirtschaftlichen Land Grabbings 8,41 Millionen km² Naturschutzfläche der IUCN-Kategorien I-IV[5] gegenüber, davon 1,5 Millionen km² in Afrika. Diese, der Publikation von Geisler und de Sousa (2001) entnommenen, Zahlen sind inzwischen noch gestiegen. Für Schutzgebiete dieser IUCN-Kategorien I-IV ist die Anwesenheit von Menschen bzw. die Nutzung der geschützten Flächen durch die lokale Bevölkerung praktisch ausgeschlossen. Um die Bedeutung dieser Zahlen zu erfassen, ist es unumgänglich, sich vom Mythos einer >unberührten Natur< zu verabschieden, Regionen, wo kein Mensch je zuvor seinen Fuß hingesetzt hat und die deshalb vor ihm geschützt werden müssen, denn diese sind auf der Erde kaum anzutreffen (vgl. Bätzig 2005). Laut Geisler und de Sousa (2001) wurden die Schutzgebiete in Afrika in dünn besiedelten Regionen errichtet. Das sind per Definition Gebiete mit 1-16 EinwohnerInnen pro Quadratkilometer. Deshalb gehen diese AutorInnen davon aus, dass aus den 900.000 km² Schutzgebieten der IUCN-Kategorien I-III Afrikas zwischen 900.000 und 14,4 Millionen Menschen vertrieben wurden. Von den Flächen >unberührter Natur<, die in den Rang von Naturschutzgebieten dieser Kategorien erhoben werden, muss fast immer die zuvor dort ansässige Bevölkerung weichen. Wir haben also einen Enteignungsprozess vor uns, der dem agrarischen Land Grabbing mehr als ebenbürtig ist und dieses bislang sogar noch in den Schatten stellt. Dabei ist der Endpunkt dieser Entwicklung noch längst nicht erreicht. Auf der 10. Nachfolgekonferenz zum Übereinkommen über die biologische Vielfalt der UNO, die im Oktober 2010 im japanische Nagoya stattfand, wurde im Rahmen der

---

4 Genauere Schätzungen sind aufgrund der Intransparenz dieser Art Geschäfte nicht möglich.

5 IUCN (International Union for Conservation of Nature and Natural Resources) ist eine internationale NGO, deren Mitglieder aus über 1.000 staatlichen und nichtstaatlichen Institutionen bzw. Organisationen bestehen. Die IUCN führte 1978 ein auf alle Schutzgebiete der Erde anwendbares System der Kategorisierung ein (siehe http://de.wikipedia.org/wiki/IUCN)

sogenannten Aichi Targets vereinbart, den Anteil der Schutzgebiete an der Landfläche der Erde von derzeit zwölf auf 17 Prozent zu erhöhen.[6] Es geht also um die Etablierung von weiteren 7,5 Millionen km^2 an Schutzgebieten. Da beruhigt es wenig, wenn in dem kürzlich erschienenen Bericht zu einem hochkarätigen Workshop über Naturschutz und Land Grabbing behauptet wird, dass sich die Naturschutzpraxis in den letzten zwei Jahrzehnten zum Besseren gewandelt habe (vgl. Blomley u.a. 2013). Die in den nächsten Abschnitten beschriebenen Fakten sprechen leider dafür, dass es sich dabei um einen überwiegend verbalen Wandel gehandelt hat, der mit der Realität nicht viel zu tun hat. Trotzdem blieb ein allgemeiner öffentlicher Aufschrei zum *Naturschutz Grabbing* bislang aus. Als mögliche Gründe dafür kommen in Frage:

– das positive Image von Naturschutz in der Bevölkerung,
– die Fähigkeit bestimmter Interessengruppen gerade in diesem Bereich durch virtuelle Welten (Tourismus) und diskursive Verbrämung (gute Parkranger, böse Wilddiebe) eine breitenwirksame Anprangerung von Menschenrechtsverletzungen durch Naturschutz Grabbing zu verhindern.
– ein – gemessen an anderen Teilen der ländlichen Bevölkerung, die zum Teil durch Bauernorganisationen vertreten werden – oftmals schlechterer Organisierungsgrad der betroffenen Bevölkerungsgruppen.

Auf der anderen Seite gibt es mittlerweile dank einer Reihe kritischer EthnologInnen sehr gründliche Studien zum Schicksal der vertriebenen Menschen und zu den sozialökonomischen Folgen der Errichtung von Nationalparks. Das sind Kenntnisse, die für das in der Öffentlichkeit weitaus intensiver diskutierte agrarische Land Grabbing in dieser Gründlichkeit, einschließlich einer gewissen Systematisierung der bekannt gewordenen Vertreibungsfälle, noch fehlen.

Aus den Erkenntnissen zum Naturschutz Grabbing lässt sich Einiges lernen, was den Umgang machtvoller Institutionen mit ›überflüssigen‹ Menschen anbetrifft, aber auch bezüglich der Konstruktion vermeintlicher ›Win-Win‹-Situationen und ›diskursiver‹ Armutsbekämpfung. Deshalb schauen wir zunächst auf den Naturschutzbereich.

---

6 www.cbd.int/sp/targets

Schützen durch Verdrängen

Im Jahr 2006 sah sich die Umweltabteilung der Weltbank (*Global Environmental Facility,* GEF) zu einer kritischen Selbstanalyse genötigt, in der für die Jahre 1991-2000 negative Auswirkungen von Naturschutzprojekten auf die lokalen Bevölkerungen eingeräumt werden mussten. Jüngere, nach dem Jahr 2000 begonnene Projekte stünden laut GEF besser da, weil man aus den Fehlern gelernt habe. Dies wiederum wurde vom *Forest Peoples Programme* anhand einer Analyse von GEF-Projektdokumenten in Zweifel gezogen (vgl. Pedersen 2008, S. 50). Auch der WWF zog in dieser Zeit eine selbstkritische Bilanz und bezeichnete »das Versagen bei der Gestaltung der Beziehung zu den Menschen« als »deprimierend konstant auftretendes Problem« (WWF 2004, S.4). Damit war die ungenügende Beteiligung der betroffenen Menschen an Entscheidungen des Park-Managements gemeint.

George Holmes und Dan Brockington, zwei englische Wissenschaftler, die seit Jahren zu dieser Problematik forschen, kamen unlängst zu der Erkenntnis, dass trotz einer ganzen Reihe wissenschaftlicher Publikationen zu den sozialen Aspekten von Schutzgebieten das Wissen darüber nach wie vor lückenhaft ist. Bestimmte Regionen sind unterrepräsentiert bzw. fehlen völlig und etliche Untersuchungen erfolgten mit einem »zu groben Raster und vernachlässigten deshalb lokale Dynamiken und die politische Ökonomie der betroffenen Länder« (Holmes / Brockington 2013, S.162). Die beiden Autoren zeigen einige wenige Beispiele für »positive« Umsiedlungen (vgl. ebd., S. 165), Fälle, bei denen die Gemeinden die Möglichkeit hatten, die Bedingungen der Umsiedlung mitzubestimmen und bei denen die Kompensation für den Verlust der ursprünglichen Lebensgrundlage angemessen war.

Doch in der Regel sind bei der Etablierung von Schutzgebieten Vertreibungen bzw. Zwangsumsiedlungen weiterhin an der Tagesordnung, wobei die bislang umfangreichste und gründlichste Dokumentation dazu nach wie vor die Arbeit von Brockington und Igoe (2006) ist. Darin analysieren die beiden Autoren 246 Publikationen (184 Schutzgebiete betreffend), in denen – allerdings oft nur am Rande – über Vertreibungen berichtet wird. Trotzdem versuchen sie, allgemeine Schlussfolgerungen daraus abzuleiten.[7] Ihre Erkenntnisse lassen sich wie folgt zusammenfassen:

---

7 Die 184 Schutzgebiete stehen mehr als 4.800 weiteren streng geschützten Reservaten (IUCN-Kategorie I-IV) von über 100 km^2 Größe gegenüber, zu deren Entstehungsgeschichte, was Vertreibungen betrifft, keine gesicherten Erkenntnisse vorliegen.

- Bei der Einrichtung von Schutzgebieten gibt es sowohl Gewinner als auch Verlierer.[8]
- Die meisten der *untersuchten* Schutzgebiete, in denen Vertreibung erfolgte, wurden vor 1980 errichtet und auch die in der Literatur erwähnten Vertreibungen erfolgten häufiger in der Zeit vor 1980 als danach. (Zugleich verweisen die Autoren auf eine mögliche Verzerrung des Eindrucks, weil ein Großteil der Literatur sich mit der historischen Aufarbeitung des Geschehens beschäftigt.)
- Die Anzahl der Schutzgebiete, aus denen vertrieben wurde, ist als Kennziffer nur bedingt brauchbar. Die akkumulierte Fläche der Schutzgebiete ist aussagekräftiger. Darauf bezogen sind Vertreibungen für einen Großteil der Schutzgebietsfläche Afrikas in ihrer Gesamtheit dokumentiert bzw. erwähnt.
- In Südamerika waren Vertreibungen weniger typisch. Mehr als 70 Prozent der über 90 dort untersuchten Schutzgebiete, waren von Menschen bewohnt.[9]
- Vertreibungen waren zum Zeitpunkt der Durchführung der Analyse (2004 bis 2006) weniger häufig als in der Vergangenheit. Eine erneute Zunahme ist laut Brockington und Igoe jedoch vorstellbar, wenn es zu einer strikteren Anwendung der existierenden Gesetzgebung in Afrika und Südostasien kommen sollte.[10]
- Zwar stellt die physische Vertreibung das dramatischste Ereignis dar, eine ökonomische Vertreibung bzw. Marginalisierung ist jedoch wesentlich weiter verbreitet und demzufolge bedeutsamer, zugleich aber weniger spektakulär und deshalb weniger auffällig. Diesen Aspekt konnten Brockington und Igoe nicht im Detail berücksichtigen.
- Insbesondere im subsaharischen Afrika haben private Schutzgebiete einen rasanten Zuwachs. Bereits 2006 beanspruchten private Wildschutzgebiete 11 Prozent der Landesfläche der Republik Südafrika – doppelt so viel wie die staatlichen Schutzgebiete – Tendenz steigend.[11]

---

8 Die Zahl der Gewinner ist in der Regel deutlich kleiner.

9 Der WWF scheint daraus die Schlussfolgerung zu ziehen, dass die lateinamerikanischen Schutzgebiete schlechter gemanagt werden (WWF 2004).

10 Die transnationalen Naturschutzorganisationen beklagen seit längerem die Existenz sogenannter »Paper Parks«, die nur auf dem Papier existieren, deren Schutzstatus aber vor Ort ungenügend durchgesetzt wird. Hinzu kommen als »gemeinde-basiert« verbrämte, in Wirklichkeit aber privat kontrollierte Schutzgebiete.

11 Zu den privaten Schutzgebieten zählt auch das Selous Wildreservat in Tansania, das mit 5% des nationalen Territoriums zugleich das größte private Schutzgebiet der Welt dar-

- Die konkrete Rolle der transnationalen Naturschutzorganisationen bei Vertreibungen ist schwer zu erfassen und erfordert sorgfältige Fallstudien, bei denen auch die im Hintergrund ablaufenden Prozesse mit analysiert werden müssen.
- Vertreibungen aus Naturschutzgebieten haben oftmals eine enge Verbindung zu anderen Vertreibungen. Das, was von Brockington und Igoe (2006, S. 451) als »entwicklungsbedingte Vertreibungen« bezeichnet wird, steht in der Ära des agrarischen Land Grabbing in einem neuen, grelleren Licht.

Die vor sieben Jahren von Brockington und Igoe geäußerte Sorge über eine erneute Zunahme von Vertreibungen scheint sich leider als begründet zu erweisen. Wobei es weniger die Vertreibungen aufgrund der strikteren Anwendung existierender Gesetze zu sein scheinen (oder diese seltener in die Schlagzeilen vordringen), denn meist handelt es sich um neue Schutzgebiete bzw. neue Schutzprojekte (Tabelle 1). Nach Ansicht vieler kritischer BeobachterInnen erwächst jedoch die größte Gefahr aus dem *REDD*-Programm, das als eines der wenigen konkreten Ergebnisse Teil des Abkommens vom 2010er Klimagipfel im mexikanischen Cancún wurde. REDD steht für *Reduced Emissions from Deforestation and Forest Degradation*. Dahinter steckt die nicht ganz neue Idee eines Ablasshandels für CO_2Emissionen (siehe Kasten).

Das Tückische an dieser Form der Kommodifizierung natürlicher Ressourcen ist, dass sie Einkünfte für die Ärmsten der Armen verspricht, und dieses Versprechen in manchen Fällen sogar eingelöst wird. Diese positiven Beispiele müssen dann als Deckmantel für einen gigantischen globalen Schwindel herhalten. In der Erklärung des Weltsozialforums, das vom 26. bis 30. März 2013 in Tunis stattfand, heißt es dazu:

> »Wir prangern die ›Grüne Ökonomie‹ an und lehnen Scheinlösungen für die Klimakrise wie Agrotreibstoffe, genetisch veränderte Organismen und Mechanismen eines Kohlenstoffmarkts wie REDD ab, die arme Menschen mit falschen Fortschrittsversprechungen umgarnen, während zugleich Wälder und Ländereien, wo diese Menschen seit Tausenden von Jahren gelebt haben, privatisiert und kommodifiziert werden.«[12]

---

stellt (vgl. Clausing 2011).
12   www.fsm2013.org/en/node/12972

Tabelle 1

Beispiele für naturschutzbedingte Vertreibungen in den letzten zehn Jahren

Land	Ort	Jahr	Zahl der Betroffenen	Bemerkungen	Quelle
Äthiopien	Nech sar Nationalpark	2004	5.000 Guji-Ethnie	512 km², vermutlich erweitert auf 1.000 km²; African Parks Foundation	Regassa Debolo (2012)
Haiti	Parc La Visite	2012	unbekannt, 4 Tote	Vertriebene wohnten dort seit 70 Jahren	CEPR (2012)
Indonesien	Harapan Rainforest Project	2012	unbekannt, Menschenrechtsverletzungen durch Nationale Menschenrechtskommission bestätigt	Seit vier Jahren andauernder Konflikt; Projekt mit 7,6 Millionen EUR durch deutsche Regierung gefördert	Lang (2012a, 2013)
Kenia	Laikipia Nationalpark	2011	300, mind. 3 Tote, Samburu-Ethnie	Vertreibung trotz Gerichtsbeschluss mit aufschiebender Wirkung; African Wildlife Foundation	Nichongaile und Smith (2011)
Kenia	Laikipia Wildkorridor	2013	1.050 (Vertreibung angekündigt), Massai, Samburu u.a.	485 Hektar, zahlreiche frühere Vertreibungsversuche mit Todesfällen	Kisio (2013)
Mexiko/Chiapas	Biosphärenreservat Montes Azules	2010	unbekannt, Gemeinde Laguna El Suspiro		Justconservation.org (2010)
Tansania	Rufiji-Delta	2011	mehrere Tausend, Warufiji-Ethnie	WWF-Projektfläche unter Ramsar-Konvention[1]	Lang (2012b)
Tansania	Kilombero-Tal	2012	3.000	2.415 km², Fläche unter Ramsar-Konvention	Kitabu (2012)
Uganda	Mount Elgon Nationalpark	2008	Über 4.000	Vertreibung nachdem im Jahr 2002 neue Grenzziehung für Nationalpark erfolgte	Lang (2008)
Uganda	Mount Elgon Nationalpark	2012	2.021	Vertreibung nach Wiederbesiedlung	Mafabi (2011)
Uganda	Diverse Waldschutzgebiete	2012	800.000 (Vertreibung angekündigt)	einmonatige landesweite Operation der Nationalen Forstbehörde	Mar (2012)

1 Seit 1975 geltender, in der iranischen Stadt Ramsar ausgehandelter völkerrechtlicher Vertrag zum Schutz von Feuchtgebieten

REDD[1] (Reduced Emissions from Deforestation and Forest Degradation)

REDD (dt.: Reduktion von Emissionen aus Entwaldung und Schädigung von Wäldern) wurde 2007 auf dem Klimagipfel in Bali (COP-13[2]) als Klimaschutzinstrument vorgeschlagen. Auf der COP-16, der Klimaschutzkonferenz im Dezember 2010 in Cancún, wurde REDD Teil des dortigen Übereinkommens. Es enthält fünf Mechanismen, wobei die ersten beiden dem ursprüngliche REDD entsprechen und die anderen drei Ergebnis der Verhandlungen in Cancún sind:
1. Reduzierung von Emissionen durch Entwaldung (komplette Abholzung)
2. Reduzierung von Emissionen durch Waldzerstörung
3. Schutz von Kohlenstoffvorräten in Wäldern
4. Nachhaltige Bewirtschaftung von Wäldern
5. Steigerung der in Wäldern gespeicherten Kohlenstoffmengen

Die ursprüngliche Idee ging 2005 von einer Gruppe von ›Regenwaldnationen‹ unter Führung von Papua Guinea aus. Doch 2007 hatte sich die Weltbank des Themas bemächtigt. Die Grundidee von REDD – »leistungsbasierte Kompensationszahlungen für mess- und überprüfbare CO_2-Emissionsreduzierungen durch Waldschutzmaßnahmen, die von Nationalstaaten oder lokalen Organisationen durchgeführt werden«[3] – wird seitdem als wichtige Maßnahme zum Wald- und Klimaschutz gepriesen, krankte aber von Anbeginn daran, dass die Finanzierung nicht geklärt war. Prinzipiell kommen zwei Möglichkeiten infrage: Staatliche Mittel (ggf. durch Transferleistungen von Ländern des Nordens an Länder des Südens) oder private Quellen (freiwillige Zahlungen/Spenden bzw. marktbasiert durch Einbindung in den CO_2-Handel). In der Praxis gibt es eine Unzahl von Mischfinanzierungen aus diesen beiden grundsätzlichen Möglichkeiten (in anderen Bereichen unter dem Begriff Public-Private-Partnership zusammengefasst). Dass REDD genauso wie andere mit Landnutzungsänderungen verbundene Maßnahmen (Naturschutz, ›Agrarinvestitionen‹ etc.), Gefahren für die vor Ort lebenden Menschen beinhaltet, wurde anerkannt und in dem Abkommen von Cancún berücksichtigt, allerdings genauso wie in den anderen Fällen in Form unverbindlicher Empfehlungen. Es finden sich die gleichen Formulierungen, wie bei den freiwilligen Richtlinien zu großflächigen Landkäufen, nämlich dass »Respekt für ... die Rechte indigener Völker und von Mitgliedern lokaler Gemeinschaften« und »die Teilnahme relevanter Interessengruppen ...

---

1 Eine wesentliche Grundlage für den nachstehenden Text bildet die kurze Einführung zu REDD auf dem REDD-Monitor-Portal (www.redd-monitor.org/redd-an-introduction).
2 COP (Conference of Parties) ist die durchnummerierte Folge von Nachfolgekonferenzen zu internationalen Abkommen, in diesem Fall zum Klimaschutz.
3 http://de.wikipedia.org/wiki/REDD

an den Maßnahmen« berücksichtigt und unterstützt werden sollten – im Endeffekt weder etwas Einklagbares noch etwas Verbindliches. Das BMZ spricht auf seiner Website[4] davon, dass Wälder den Wasserhaushalt regeln, vor Bodenerosion schützen und lebenswichtige Ressourcen wie Holz, Nahrung und Medizin liefern und suggeriert die nur allzu vertraute Win-Win-Situation: »Damit sind sie (die Wälder) auch wichtige Einkommensquellen für indigene Gruppen und die lokale Bevölkerung«.

»Dem in den Wäldern gespeicherten Kohlenstoff wird im REDD-Modell ein monetärer Wert gegeben. Dadurch sollen Wälder bei wirtschaftlichen Entscheidungsprozessen ein höheres finanzielles Gewicht bekommen«, heißt es bei Wikipedia. Es geht also nur noch sekundär um die Wälder und primär um das CO_2. Damit wurde die Sichtweise der Weltbank übernommen, die am 11. Dezember 2007 in einer Pressemitteilung[5] verkündete, dass das Ziel der von ihr auf dem Klimagipfel in Bali verkündeten *Forest Carbon Partnership Facility* darin besteht, »einen Wald-Kohlenstoff-Markt zu starten, der das ökonomische Gleichgewicht zugunsten des Waldschutzes verschiebt.«

Auch wenn der Emissionshandel in dem Übereinkommen von Cancún nicht explizit erwähnt wird, zog die Weltbank in einer öffentlichen Erklärung daraus sofort die Schlussfolgerung, dass Wälder in künftige CO_2-Börsen einbezogen werden müssen. Doch die »Komplexität der Kohlenstoffmärkte mit (ihrer) schwachen Regulierung führt zu einem erhöhten Betrugs- und Korruptionsrisiko in den reichen Ländern«, gibt der REDD-Monitor zu bedenken und führt weiter aus: »Ohne überwach- und durchsetzbare Schutzmechanismen, strenge Kontrollen und Regularien besteht die Gefahr, dass REDD die Nöte der Entwicklungsländer vertieft, indem es einen riesigen Topf von Geld zur Verfügung stellt, für das keine Rechenschaft abgelegt werden muss. Korrupte Interessengruppen und politische Eliten werden dies nutzen, um ihre Macht auszudehnen und zu vertiefen, und werden gegenüber ihren Völkern noch weniger rechenschaftspflichtig werden.«

Schon die Nutzung von Wäldern als Holzquelle ist gegenüber Korruption und organisiertem Verbrechen äußerst anfällig (vgl. EIA 2005 bzw. die im April 2013 erstattete Strafanzeige gegen einen leitenden Mitarbeiter der Danzer-Gruppe, eines in der Demokratischen Republik Kongo agierenden deutsch-schweizerischen Holzkonzerns[6]). Wenn nun der unsichtbare, im Holz enthaltene Kohlenstoff zum Handelsgegenstand wird, sind kriminellen Energien kaum noch Grenzen gesetzt – eine Befürchtung, die von einem Interpol-Mitarbeiter geteilt wird, auf den der REDD-Monitor Bezug nimmt.

---

4 http://www.bmz.de/de/was_wir_machen/themen/klimaschutz/minderung/REDD/
5 http://web.worldbank.org/WBSITE/EXTERNAL/NEWS/0,,contentMDK:21
581819~pagePK:64257043~piPK:437376~theSitePK:4607,00.html
6 http://www.globalwitness.org/library/criminal-complaint-accuses-senior-manager-danzer-group-responsibility-over-human-rights

Gewinne aus Gold, Diamanten und andere Rohstoffen haben in vielen Ländern des Südens zu notorischer Korruption geführt. Der einflussreiche britische Ökonom Paul Collier spricht in diesem Zusammenhang vom ›Ressourcenfluch‹, wobei er in arroganter Weise die Duldung und zum Teil aktive Förderung dieser Korruption durch die westlichen Regierungen ausblendet (vgl. Perkins 2007). Wir sind gerade ZeugInnen, wie die Weltbank und die Regierungen des Nordens einen neuen Ressourcenfluch schaffen.

Und was ist REDD Readiness?

REDD Readiness[7] sind die nationalen Strategien, um sich auf die REDD-Zahlungsmechanismen vorzubereiten, die nach 2012 durch multilaterale Finanzierung aktuell werden. REDD Readiness wird zum Teil zur Einpassung in die UNO-Systeme und zum Teil zur Integration in private Kohlenstoffmärkte entwickelt.

---

7 http://forest-carbon.org/faq/what-is-redd-readiness/

AktivistInnen aus Kenia, der Demokratischen Republik Kongo, Mali, Mosambik, Niger, Nigeria, Senegal, Südafrika, Tansania und Tunesien gründeten auf dem Weltsozialforum das Netzwerk *Kein REDD in Afrika*.[13]

Im Zuge der globalen Durchsetzung der neoliberalen Wirtschaftsordnung und der damit verbundenen Angleichung gesellschaftlicher Systeme an die ›westlichen Werte‹, gibt es dank der beharrlichen Forderungen von NGOs zumindest formal eine stärkere Beachtung der Menschenrechte. Damit geht die – nicht selten schleppende – Ratifizierung internationaler Abkommen einher. Auf nationaler Ebene werden daraufhin Verfassungen geändert und neue Gesetze verabschiedet. Vorher nicht anerkannte Rechte, insbesondere für indigene Gemeinschaften, werden vor den entsprechenden Instanzen einklagbar. Zum Beispiel erkennt die neue, seit August 2010 geltende Verfassung Kenias den Anspruch indigener Völker auf das Land ihrer Vorfahren an. Dies war unter anderem der Bezugspunkt für ein Urteil der Afrikanischen Kommission für Menschen- und Völkerrecht, das den Endorois Wiederbesiedlungsrechte für das in den 1970er Jahren geschaffene Nationalreservat *Lake Bogoria* zubilligt, aus dem sie dereinst vertrieben wurden. Bis März 2012, zwei Jahre nach dem Urteil, hatte sich die kenianische Regierung jedoch keinen Zentimeter bewegt. Die in extremer Armut lebenden Endorois haben nach wie vor keinen Zugang zu ihren rechtmäßigen Territorien (vgl. Minority Rights Group 2012). Ähnlich hof-

---

13 www.redd-monitor.org/2013/04/03/launch-of-no-redd-in-africa-network-redd-could-cause-genocide

fen die Ogiek auf die Möglichkeit, das Land auf der kenianischen Seite des Mount Elgon, das heute vom *Chepkitale* Wildreservat eingenommen wird, zurückzuerlangen (vgl. Forest Peoples Programme 2012). Auch hier ist der Ausgang des Verfahrens ungewiss. In anderen Regionen zeitigten die Hoffnungen auf die Verhinderung von akut drohenden Vertreibungen durch rechtliche Schritte ebenfalls gemischte Resultate. Während die Vertreibung der 300 Samburu im *Laikipia* Nationalpark (Kenia) trotz aufschiebenden Gerichturteils durchgeführt wurde (siehe Tabelle 1), hoffen 24.000 Mau-Familien, dass sie weiterhin in ihrem angestammten Siedlungsgebiet, dem *Mau-Forest*-Komplex, bleiben dürfen und dass der Beschluss der Afrikanischen Kommission für Menschen- und Völkerrechte vom 15. März 2013, mit dem die Regierung Kenias aufgefordert wird, bis zur endgültigen Klärung des Falles von Vertreibungen Abstand zu nehmen, respektiert werden wird[14]. Auch in Indien hofft man auf dauerhafte Erfolge: 1.500 Familien der Soliga-Ethnie wurde Ende 2011 im Bundesstaat Karnataka der Anspruch auf 60 Prozent des im gleichen Jahr geschaffenen Tigerschutzreservats *Biligiri Ranga Temple Hills* (541 km²) zugesprochen (vgl. Shankar 2012).

Wie fragil Erfolge dieser Art sind, zeigt eine Meldung von *Survival International* vom 19. Juni 2013.[15] Trotz des Gerichtsurteils von 2011 und des bereits seit 2006 bestehenden indischen Forstgesetzes, das Indigenas wie den Soligas das Recht zuspricht, ihre angestammten Waldgebiete zu nutzen, wurde im Mai 2013 die gesamte Honigernte eines Soliga-Dorfes konfisziert. Das Dorf klagte und erhielt per Gerichtsurteil den Honig zurück. Doch der Vorfall zeigt, dass auch bei eindeutiger Rechtslage Übergriffe nicht ausgeschlossen sind.

Dies sind einige Beispiele für einen juristischen Widerstand, dessen nachhaltiger Erfolg sich erst noch zeigen muss. Immerhin wächst bei einigen Naturschutzorganisationen die Erkenntnis, dass der Erhalt der Biodiversität mit Hilfe eines Naturschutzes der Zäune und Wächter, der von Brockington (2002) treffend als ›Festungsnaturschutz‹ bezeichnet wird, häufig nicht zu erreichen ist. Es gibt zahlreiche Berichte darüber, dass der Ausschluss der lokalen Bevölkerung von der Nutzung natürlicher Ressourcen in den zu Reservaten erklärten Gebieten zu einer ursprünglich nicht vorhandenen feindlichen Einstellung gegenüber der ›Biodiversität‹ führt. Von heimlicher Wiederbesiedlung der Parks abgesehen, gibt es Fälle von

---

14   www.african-court.org/en/images/documents/Orders-Files/ORDER__of_Provisional_Measures_African_Union_v_Kenya.pdf
15   http://www.survivalinternational.org/news/9328

artikuliertem Protest in Form der mutwilligen Tötung von Tieren bzw. der Fällung von Bäumen. Das brachte manche Beteiligte auf Seiten des Naturschutzes zum Nachdenken. Von diesen Akteuren wird die Strategie eines Festungsnaturschutzes deshalb als gescheitert betrachtet. Doch von dieser Erkenntnis bis zu konkreten Veränderungen scheint es noch ein weiter Weg zu sein.

Sind Naturschutzorganisationen tatsächlich an Vertreibungen beteiligt?

Diese zweifelnde Frage taucht in den Diskussionen zu diesem Thema immer wieder auf. Von den VerfechterInnen eines Festungsnaturschutzes wurden Vertreibungen und Zwangsumsiedlungen entweder schlichtweg bestritten (vgl. Curran u.a. 2009, Maisels u.a. 2007) oder damit verteidigt, dass diese unschöne Seite wegen des ›höheren Zwecks‹ in Kauf genommen werden müsse (vgl. Agrawal / Redford 2009). Ersteres ist angesichts der erdrückenden Beweislage recht erstaunlich, stellt jedoch eine nicht unübliche Strategie der versuchten Meinungsmanipulation dar.

Während Curran u.a. (2009) und Maisels u.a. (2007) die Untersuchungen des deutschen Soziologen und entwicklungspolitischen Beraters Kai Schmidt-Soltau zu Vertreibungen in Westafrika (vgl. Schmidt-Soltau 2003, 2005) attackieren, was in einer Replik von Schmidt-Soltau ad absurdum geführt wird, bezeichnen Brockington und Igoe (2006) die Schmidt-Soltau-Publikationen als wissenschaftliches Material von überragender Qualität. Schmidt-Soltau untersuchte zwölf Nationalparks mit einer Gesamtfläche von 41.384 km². Im Durchschnitt wurden pro Nationalpark 4.500 Menschen vertrieben bzw. zwangsumgesiedelt, in den meisten Fällen ohne Entschädigung. Bei sieben der zwölf Nationalparks trat der WWF als ›Promotor‹ in Erscheinung. Als Promotor bezeichnet Schmidt-Soltau eine Organisation, die die »betreffende nationale Regierung dazu aufgerufen und dabei unterstützt hat, den jeweiligen Nationalpark einzurichten« (Schmidt-Soltau 2005, S. 285). In der Regel sind Regierungsbeamte, Polizisten und Soldaten diejenigen, die Umsiedlungen bzw. Vertreibungen veranlassen, durchführen und beaufsichtigen. Brockington und Igoe (2006) zeigen, dass, bezogen auf die Gesamtfläche der strengeren Schutzgebiete (IUCN-Kategorie I-IV), in elf von 21 afrikanischen Ländern auf mehr als einem Drittel der Schutzgebietsflächen Vertreibungen vorgenommen wurden. Sie zählen weiterhin Beispiele für eine aktive Beteiligung großer Naturschutzorganisationen an der Etablierung von Schutzgebieten und mithin an der Vertreibung der dort lebenden Menschen auf, wobei zwischen >aktiver< und >direkter< Beteiligung ein wichtiger Unterschied besteht. So war die *Parks in Peril*-Kampagne von *The Nature Conservancy* auf eine mit Vertreibungen verbundene Stärkung von Schutzgebieten ausgerichtet, ohne dass diese Organisation bei Vertreibungen unmittelbar und direkt die Hand im Spiel hatte. Die *African Wildlife Foundation* war finanziell an der Schaffung des Tarangire Nationalparks und des Lake Manyara Nationalparks in Tansania beteiligt. In beiden Fällen kam es zu Vertreibungen. Das offenherzige Bekenntnis von Paul Fentener van Vlissingen, Mitbegründer der *African Parks Foundation*, veranschaulicht die Art und Weise, wie die transnationalen Naturschutzorganisationen vorgehen. In Bezug auf den in äthiopischen *Nech Sar* National Park, der von der African Parks Foundation gemanagt wird, äußerte er: »Wir wollten nicht an der Umsiedlung beteiligt sein. Deshalb habe ich eine Klausel in den Vertrag eingebaut, dass wir die Verantwortung für den Park erst nach Abschluss der Umsiedlungen übernehmen werden« (zit. n. Pearce 2005, S. 48). Den Beispielen aus Afrika kann der Fall des Biosphärenreservats *Montes Azules* (3.300 km²) in Chiapas, Mexiko, hinzugefügt werden. Im Mai und Juni 2000 versuchten *Conservation International* und der WWF die öffentliche Meinung durch Zeitungsberichte zu manipulieren, in denen von 170 Bränden im genannten Biosphärenreservat berichtet wurde, die 10.000 ha Bergwald zerstört hätten, >verursacht durch eingedrungene indigene Gemeinden<. Diese wurden deshalb aufgefordert, das Gebiet zu verlassen. In Wirklichkeit (offizielle Zahlen der mexikanischen Naturschutzbehörde SEMARNAP) brannten im Jahr 2000 jedoch im gesamten lakandonischen Urwald (18.000 km²), in den das Biosphärenreservat eingebettet ist, lediglich 398 Hektar (vgl. Guerrero 2003).

Nur selten übertragen Regierungen ihre Hoheitsrechte direkt an die NGOs, wie im Fall der Zentralafrikanischen Republik, wo die *Africa River and Rainforest Conservation* das Recht erhielt, Wilddiebe zu verhaften und, wenn notwendig, zu töten. Doch selbst wenn Vertreibungen und Umsiedlungen aus Schutzgebieten von den transnationalen Naturschutzorganisationen nicht formal (und öffentlich) unterstützt werden, gibt es einflussreiche Personen innerhalb dieser Organisationen, die das explizit fordern (vgl. Brockington / Igoe 2006, S. 445). Hauptsächlich schaffen diese Naturschutzorganisationen also die entsprechenden Rahmenbedingungen (Finanzierung, Beeinflussung von EntscheidungsträgerInnen, Vermittlung einer bestimmten Vision von Naturschutz), was dann zur Etablierung von Schutzgebieten führt, die mit der direkten oder indirekten Vertreibung von Menschen verbunden ist. Dieser Prozess wird sich auch in Zukunft fortsetzen, denn der Ruf nach weiteren Schutzgebieten ist noch lange nicht verhallt.[16] Leider gibt es genügend Beispiele aus der jüngeren Vergangenheit, wobei der WWF ein stereotypes Muster zu entwickeln scheint, Veröffentlichungen mit kritischen Informationen durch direkte Einflussnahme verhindern zu wollen. Neben dem an anderer Stelle erwähnten, erfolglosen Versuch, das *Schwarzbuch WWF* (vgl. Huismann 2012) durch gerichtliche Schritte zu verhindern, zählt dazu die Publikation von Beymer-Farris und Bassett (2012), nach deren Erscheinen der WWF am 3. Februar 2012 bei der Zeitschrift *Global Environmental Change* intervenierte, und (ebenfalls erfolglos) die Entfernung des Artikels von ihrer Website verlangte (vgl. Lang 2012b).

Worum ging es dabei? Tausende Warufiji, die das Rufiji-Delta in Tansania seit über 2.000 Jahren bewohnen, dort seit langer Zeit Reis anbauen und die Mangrovenwälder nutzen, wurden im Oktober 2011 durch ForstbeamtInnen und die tansanische Polizei gewaltsam vertrieben. Der WWF, der in diesem Gebiet von 2009 bis 2010 eine REDD-Readiness-Studie[17] durchführte, wies jegliche Verantwortung für die Vertreibungsaktion von sich. Und doch kann er sich nicht der Anschuldigung der geistigen Urheberschaft erwehren. »Im Zentrum unserer Kritik steht die Konstruktion eines ›Umweltproblems‹, bei dem die Warufiji von ForstwirtInnen, UmweltschützerInnen und GeldgeberInnen als schlechte VerwalterInnen der Mangrovenwälder dargestellt werden« (Beymer-Farris / Bassett 2012, S. 333). Der WWF spielte bei der Konstruktion dieses Umweltproblems eine entscheidende Rolle und war zudem Monate im Voraus über die beabsichtigten Vertreibungen informiert. Dies und die in Tabelle 1 aufgeführten Beispiele aus der jüngsten Vergangenheit strafen die Aussagen von Blomley u.a. (2013) Lügen, dass sich die Naturschutzpraxis in den Ländern des Südens in den letzten 20 Jahren zum Besseren gewandelt habe.

---

16 vgl. z.B. Pistorius (2007) und die Aichi-Targets (www.cbd.int/sp/targets)
17 Siehe Kasten zu REDD

Schutzgebiete: Armutsfalle oder ein Weg aus der Armut?

Von den BefürworterInnen strenger Schutzgebiete wird gern argumentiert, dass mit der Einrichtung von Schutzgebieten ein armutslindernder Effekt eintreten würde. Den gleichen Argumenten begenet man, wenn es um >Agrarinvestitionen<, d.h. um das agrarische Land Grabbing geht. Diese Sichtweise schien im Juli 2008 durch eine Studie unterstützt zu werden, in der ein beschleunigtes Bevölkerungswachstum an den Grenzen der Schutzgebiete beschrieben wird (vgl. Wittemyer u.a. 2008). Die Autoren dieser häufig zitierten Arbeit behaupten, ein solch beschleunigtes Bevölkerungswachstum in den Pufferzonen von 246 der insgesamt 306 untersuchten Schutzgebiete aus 38 afrikanischen und lateinamerikanischen Ländern entdeckt zu haben – Folge der Migration in diese vermeintlich attraktiven Zonen. Dies sei nicht überraschend, angesichts der beachtlichen Investitionen in Höhe von vielen Millionen Dollar, die internationale Geldgeber in einen integrierten Naturschutz und in die ländliche Entwicklung in diesen Bereichen tätigen würden. Von den Investitionen würden die in den Pufferzonen lebenden Menschen direkt und indirekt profitieren – durch die Schaffung von Arbeitsplätzen, den Bau von Straßen, Kliniken, sanitären Einrichtungen und Schulen.

Das war ein netter Versuch, den Vertreibungen und Enteignungen mit Hilfe einer Zahlenspielerei etwas überwältigend Positives entgegenzusetzen. Leider ergab eine Re-Analyse der Daten durch Joppa u.a. (2009) keinerlei Hinweise auf ein übermäßiges Bevölkerungswachstum an den Rändern der besagten Schutzgebiete. Eine Überprüfung der von Wittemyer und seinen Kollegen verwendeten Originaldaten zeigte, dass diese die sprichwörtlichen Äpfel und Birnen miteinander verglichen hatten. Das heißt Wittemyer u.a. (2008) verglichen die Angaben aus zwei miteinander nicht vergleichbaren demografischen Datenbases. Als zusätzlichen Beleg für die Validität ihrer Zweifel berechneten Joppa u.a. (2009) die Bevölkerungsdichte für einen >inneren Ring< (0-20 km Entfernung von der Schutzgebietsgrenze) und einen >äußeren Ring< (20-40 km) um die Nationalparks herum. Diese Entfernungen sind für eine Bevölkerungsgruppe, die sich fast nur zu Fuß oder bestenfalls mit dem Fahrrad fortbewegt, ein bedeutender Unterschied. Es erwies sich, dass in der Geschwindigkeit des Bevölkerungswachstums zwischen den beiden Zonen kein Unterschied existierte.

Eine Antwort auf die Frage, ob die Einrichtung von Schutzgebieten die Armut lindert und dadurch Menschen in die Pufferzonen lockt oder Ar-

Abbildung 1
Meta-Analyse zur Armutslinderung durch Schutzgebiete.

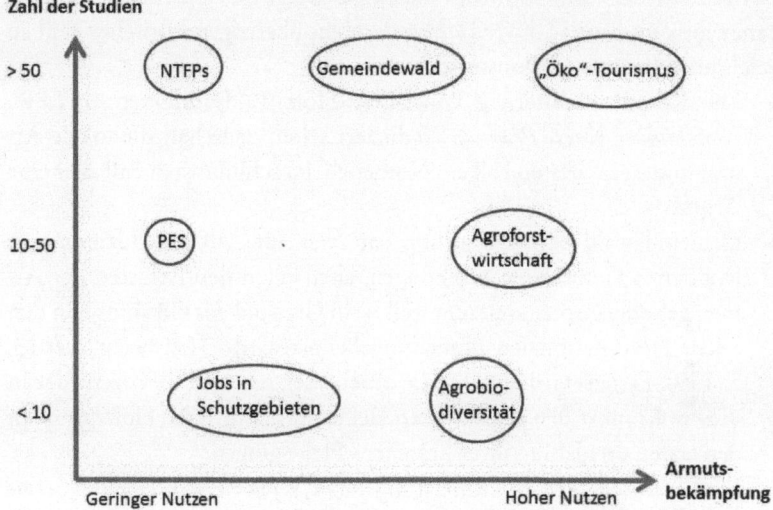

Armutsbekämpfung im Naturschutzkontext (nach Leisher u.a. 2013)
NTFP = Nicht-Holz-Wald-Produkte ; PES= bezahlte Umweltdienstleistungen

mut nicht lindert, sondern steigert, muss also woanders gesucht werden. Eine simple Antwort gibt es nicht, denn im Zuge der Durchsetzung von Naturschutzstrategien gibt es immer Gewinner und Verlierer, selbst auf lokaler Ebene (vgl. West u.a. 2006). Doch eine grobe Orientierung bietet bereits der Vergleich der Selbstanalyse des WWF (2004), der zufolge in 206 untersuchten Schutzgebieten im Durchschnitt 40 Arbeitsplätze geschaffen wurden, mit der Untersuchung von Schmidt-Soltau (2005) in den zwölf westafrikanischen Nationalparks, wo pro Park durchschnittlich 4.500 Menschen vertrieben bzw. (fast immer ohne Entschädigung) zwangsumgesiedelt wurden.

Kürzlich erschien ein komplettes Buch zu der Frage, ob es Beweise für die Linderung von Armut durch Schutzgebiete gibt (vgl. Roe u.a. 2013a). Dort geben Leisher u.a. (2013) einen Überblick über die verschiedenen Möglichkeiten (Abbildung 1).[18] In der Bewertung der in der Abbildung

18 Die von Leisher u.a. (2013) ebenfalls betrachteten maritimen Schutzgebiete wurden bei der Adaption ihrer Grafik für vorliegendes Buch weggelassen, da sie hier nicht Thema sind.

dargestellten Möglichkeiten, die auf der Auswertung von über 400 Publikationen fußt, folgen Leisher u.a. (2013) dem >Ja-aber<-Prinzip, und das, obwohl vier der fünf AutorInnen dieses Beitrags bei The Nature Conservancy tätig und somit unverdächtig sind, ein überzogen kritisches Bild zu zeichnen. Hier ihre Erkenntnisse:

- Die Kommerzialisierung von Nicht-Holz-Waldprodukten (NTFPs, *Non-Timber Forest Products*) reduziert selten dauerhaft die lokale Armut und ist im besten Fall ein Notbehelf, im schlimmsten Fall aber eine Armutsfalle.

- Gemeindewald-Bewirtschaftung hat zwar zur Armutsreduzierung in ländlichen Gemeinden beigetragen, aber selten den Ärmsten der Armen geholfen, unter anderem weil »ein Großteil des Gewinns von den lokalen und nationalen Eliten eingeheimst wird« (Leisher u.a. 2013, S. 149). Ferner wird eine Studie zitiert, der zufolge 75 Prozent der in diesem Kontext neu gegründeten kleinen und mittleren Holzfirmen in den ersten drei Jahren ihres Bestehens Pleite gingen.

- Für bezahlte Umweltdienstleistungen (PES, *Paid Environmental Services*) wird eingeschätzt, dass die mäßig armen KleinbäuerInnen und die wohlhabenderen LandbesitzerInnen generell diejenigen sind, die die Vorteile aus PES ziehen und dass der Effekt der eigentlichen Armutslinderung unbedeutend ist.

- Ökotourismus hat in vielen Fällen als effektiver Mechanismus zur Armutsbekämpfung gewirkt, wobei auch hier diejenigen, denen es ohnehin besser geht, am meisten davon profitieren.

- Jene, die einen Job bei der Schutzgebietsverwaltung bekommen, sind in der Regel die mäßig Armen bis Wohlhabenderen. Die Mehrzahl der ohnehin wenigen Jobs wird an Menschen von außerhalb vergeben und nicht an die lokale Bevölkerung.

- Agrarforstwirtschaft wird als Mittel der Armutsreduzierung angesehen, und es ist eine der wenigen aufgezählten Möglichkeiten, die nicht mit dem Etikett >insbesondere vorteilhaft für die weniger Armen bzw. Wohlhabenderen<, versehen wurde, wenngleich der Zugang zu Märkten, um die Produkte zu verkaufen, eine wichtige Voraussetzung darstellt, die häufig nicht gegeben ist.

- Auch den Maßnahmen zum Erhalt der Agrobiodiversität werden Chancen bei der Armutsbekämpfung eingeräumt, allerdings mit der Einschränkung, dass die Ärmsten der Armen selten Landeigentümer sind und ihnen deshalb dieser Weg verschlossen bleibt.

Offenbar wurde das Versprechen, durch Schutzgebiete die Armut zu lindern, bislang nur vage eingelöst. Vor allem aber fehlt bei den Betrachtungen von Leisher u.a. (2013) die Gegenrechnung – was hat parallel an Schutzprogramm bedingter Armutserzeugung stattgefunden? Der tansanische Wissenschaftler Huruma Sigalla verweist auf das Fehlen »holistischer Alternativen«, um die vom Naturschutz hervorgerufenen Verluste zu kompensieren. Die Erfahrung der Menschen vor Ort, dass die zu Beginn von Naturschutzvorhaben gegebenen Versprechen nicht eingehalten werden, seien der Hauptgrund für die »allgemeine Feindschaft lokaler Gemeinschaften gegenüber dem Naturschutz«, ein Befund, der auch von einem anonym zitierten leitenden Mitarbeiter des WWF-Tansania bestätigt wird (Sigalla 2013, S. 164). Zahlreiche andere AutorInnen verweisen auf die Wichtigkeit einer positiven Einstellung der lokalen Bevölkerung gegenüber den angrenzenden Schutzgebieten, wenn der Naturschutz auf Dauer erfolgreich sein soll (vgl. Brockington u.a. 2008).

Werfen wir den Blick auf einige Fallstudien, die verdeutlichen, dass es von der konkreten Ausgestaltung der Rahmenbedingungen abhängt, ob und welche Teile der lokalen Bevölkerung durch Schutzgebiete Vor- oder Nachteile erfahren.

Als soziale Institution und politisches Konstrukt zieht ein Nationalpark die einen Menschen an und stößt andere ab, verändert das lokale Preisgefüge, beschränkt den Zugang zu Ressourcen, trennt die Menschen von der Natur, verändert das Recht und die Machtverhältnisse (vgl. Vedeld u.a. 2012). Vedeld und seine KollegInnen berücksichtigten beim Studium der Verhältnisse am Rande des *Mikumi* Nationalparks, dem viertgrößten Tansanias, beides, sowohl Entschädigungszahlungen und zusätzliche Einkommen als auch die in den fünf untersuchten Dörfern erlittenen Verluste. Diese fünf von insgesamt 18 Dörfern im Randbereich des Nationalparks haben eine durchschnittliche Größe von etwa 1.000 EinwohnerInnen, die subsistenzwirtschaftlich von Mais, Bohnen und Reis leben. Eine direkte Beschäftigung durch den Nationalpark gibt es so gut wie nicht. Aus einem speziellen Fonds erhielten die Dörfer Geld für soziale Projekte (an deren Auswahl sie nicht beteiligt waren), woraus sich eine Kompensation von umgerechnet weniger als 0,1 US-Cent pro Person und Tag ergibt – bei einem durchschnittlichen Pro-Kopf-Einkommen von ca. 60 Cent pro Tag.[19] Selbst bei diesem unterhalb der absoluten Armutsgrenze liegenden

---

19 Da die meisten Nationalparks in Tansania keinen Gewinn machen, wäre nach Ansicht von Vedeld u.a. (2012) die Umverteilung aus einem nationalen Kompensationsfonds, in

Pro-Kopf-Einkommen stellt die Kompensation also einen zu vernachlässigenden Betrag dar. Diese Einschätzung wird von dem bereits erwähnten WWF-Mitarbeiter bestätigt, der von Sigalla mit den Worten zitiert wird:

> »Wenn wir davon sprechen, dass zehn Dörfer 2.000 oder 3.000 Dollar bekommen, wie viel bleibt dann pro EinwohnerIn übrig? Letztendlich wird dir klar, dass die Kompensationszahlungen, die sie bekommen ihnen nicht viel helfen, im Vergleich zu dem, ... was ihnen durch die Begrenzung des Zugangs an Ressourcen verloren geht.« (Sigalla 2013, S. 166)

Auf der Verlustseite ermittelten Vedeld u.a. (2012) Ernteeinbußen durch Wildtiere (Elefanten, Affen, Wildschweine) von durchschnittlich 4,1 Prozent des Haushaltseinkommens (legt man die 60 Cent pro Person und Tag zu Grunde, entspricht das einem Verlust von 2,4 Cent pro Person und Tag gegenüber dem oben genannten Gewinn von 0,1 Cent). Auf die 18 Dörfer hochgerechnet stünden pro Jahr Verluste von über 480.000 US-Dollar einem Umfang an Kompensationszahlungen in Höhe von 12.000 Dollar gegenüber. Mithin fällt die Bilanz für den Mikumi Nationalpark, der von der tansanischen Nationalparkverwaltung nach dem Prinzip des Festungsnaturschutzes gemanagt wird, eindeutig negativ aus. Vedeld u.a. (2012, S.30) bezeichnen den Festungsnaturschutz als »eine Katze mit neun Leben« – ein außerordentlich widerstandsfähiges Konzept, das sich seit über 100 Jahren behauptet. Neben den materiellen Verlusten waren in der Umgebung des Mikumi Nationalparks in der Vergangenheit immer wieder Verluste von Menschenleben durch die Angriffe von Wildtieren zu beklagen. Im Laufe der Jahre starben über 40 Personen, vor allem durch Löwen, aber auch durch Wasserbüffel. In anderen Gegenden sind es in erster Linie Zwischenfälle mit Elefanten. Um die beschriebenen Beispiele an materiellen und menschlichen Verlusten ins Verhältnis zu setzen, sei an dieser Stelle an die mediale Aufregung erinnert, die 2006 herrschte, als der aus Norditalien verdriftete Braunbär *Bruno* die bayerischen Lande durchstreifte.[20]

Einem anderen Beispiel für Armutsbekämpfung durch Naturschutz, begegnen wir im Distrikt Wayanad im indischen Bundesstaat Kerala, einem Verwaltungsbezirk, der in den späten 1990er Jahren und Anfang dieses Jahrhunderts dadurch traurige Berühmtheit erlangte, dass sich über zehntausend in den Ruin getriebene Landwirte das Leben nahmen. Sinkende Erträge aufgrund der Umweltzerstörungen durch die Grüne Revolution sowie

---

den alle Parks und der Tourismussektor einzahlen, eine Möglichkeit, um eine finanziell relevante Größenordnung der Kompensationen zu erreichen.

20 http://de.wikipedia.org/wiki/JJ1

ein Einbruch der Weltmarktpreise für die hier angebauten *Cash Crops*[21] waren die Ursache. Sieben Prozent aller indischen Selbstmorde dieser Periode fanden in Wayanad statt, wo weniger als eine Million Menschen leben (ca. 0,1 Prozent der indischen Bevölkerung). Wayanads virtueller Imagewandel von einer Agrarwüste in ein Ökoparadies (wie einschlägige Websites suggerieren) ist ein neoliberales Schulbeispiel für die Bewältigung der Folgen der landwirtschaftlichen Krise, bei der die hier ansässigen AgrarkapitalistInnen die Umwelt (und ihre Schönheiten) kommodifizieren und zusammen mit GrundstückspekulantInnen eine ›postagrarische Ökonomie‹ aufbauen (vgl. Münster / Münster 2012). Waren die Wälder früher ein Hindernis bei der Ausdehnung der Agrarflächen, sind sie heute Objekt der Begierde. Dies geschah und geschieht in einem Dreierkonflikt zwischen den Profiteuren eines zunehmend rücksichtsloser werdenden Naturtourismus, den Restriktionen einer Forstverwaltung, die sich bemüht, den Wald im alten Stil zu schützen und den aus den Wäldern vertriebenen Adivasis. Während in Afrika die Nationalparks vor allem von ausländischen TouristInnen überflutet werden, die mit ihren Besuchen simultan zur ökologischen Belastung und zur Finanzierung der Nationalparks beitragen, ist es in Wayanad die neue indische Mittelschicht, die an den Wochenenden den geschützten Wäldern mit Autokarawanen zusetzt. Der *Drive-through*-Naturtourismus US-amerikanischer Lesart ist in Indien angekommen. Wayanads Adivasis, die seit der Etablierung der Waldschutzgebiete in den 1970er Jahren immer wieder vertrieben wurden, erhalten aus den Tourismuseinkünften nicht einmal die minimalen Kompensationszahlungen, die in Tansania üblich sind. Aufgrund der Misere besetzten sie im Jahr 2003 den Wald. Bei der gewaltsamen Auflösung der Besetzung wurden 14 Menschen getötet. Die Bemühungen, die Täter gerichtlich zur Verantwortung zu ziehen, werden seit zehn Jahren verschleppt.

Eine grundlegende Kritik von Holmes und Brockington (2013) ist, dass die Naturschutzmaßnahmen selbst – und eventuell sogar die darin eingebetteten Maßnahmen zur Armutslinderung – dazu tendieren, bestehende Ungleichheiten zu reproduzieren und ggf. zu verstärken. Wenn Schlussfolgerungen über die verstärkende oder lindernde Wirkung von Schutzgebieten auf bestehende Armut gezogen werden, sei es trügerisch, die Gemeindeebene zu betrachten und die Situation auf der Ebene der Haushalte außer Acht zu lassen, weil es daran hindert, die Differenzierung in Gewin-

---

21 Landwirtschaftliche Produkte, die nicht für den Eigenbedarf, sondern vorrangig für den Weltmarkt erzeugt werden

nerInnen und VerliererInnen wahrzunehmen. Dies werden rein empirisch alle bestätigen, die mit dem Kazikentum[22] im ländlichen Mexiko oder den halbfeudalen Verhältnissen in bestimmten Regionen afrikanischer Länder vertraut sind. Eine solche undifferenzierte Betrachtungsweise findet ihre Entsprechung auf Länderebene, wenn die >Entwicklung< von Ländern anhand makroökonomischer Zahlen beurteilt wird und daraus Schlussfolgerungen über den Wohlstand der Bevölkerung gezogen werden.

Gemeindebasierter Naturschutz

Als Alternative zum Festungsnaturschutz, dieser in der Kolonialzeit erfundenen und von den >jungen Nationalstaaten< unter Anleitung transnationaler Naturschutzorganisationen fortgeführten Form des Schutzes der Biodiversität, gibt es das >gemeindebasierte Management natürlicher Ressourcen<. Hinter dieser Bezeichnung verbergen sich einerseits die heute üblichen Diskurse von Dezentralisierung, zivilgesellschaftlicher Beteiligung und marktbasierter Entwicklung, bei denen sich der >verschlankte< Staat zurückzieht und der Naturschutz als Geschäftsmodell in Erscheinung tritt. Nach dem Vollzug dieser diskursiven Transformation gibt es dann keine VerliererInnen mehr, sondern nur noch >*Stakeholder*<, wie Igoe und Croucher (2007) ironisch feststellen. Auch die RepräsentantInnen des transnationalen Naturschutzes räumen vorsichtig ein, dass nicht in allen Situationen ein >*Win-Win*< zu erreichen sei. »Gewinne mehr« für die einen und »Verliere weniger« für die anderen ist ihrer Ansicht nach ein realistischeres und durchaus erstrebenswertes Ziel (Roe u.a. 2013b, S.325). War das ein Freud'scher Versprecher? Ist es angemessen, von jenen, die ohnehin nichts haben, zu verlangen, dass sie weiterhin verlieren sollen, wenngleich ein bisschen weniger?

Andererseits muss sich gemeindebasierter Naturschutz nicht unbedingt in leeren Versprechungen erschöpfen. Aber ähnlich wie beim Festungsnaturschutz gibt es auch bei dieser Version GewinnerInnen und VerliererInnen. Das Problem beginnt mit der Definition von >Gemeinde<. Wenn Außenstehende (NGOs, staatliche Akteure, Geldgeber) beginnen, gemeindebasierten Naturschutz, der in den 1990er Jahren besonders populär war, zu fördern, geht es um kollektive Prozesse der Entscheidungsfin-

---

22 Kazike – aus präkolumbianischer Zeit stammender Ausdruck, der sich heute auf einen örtlichen Machthaber bezieht, welcher aber nicht notwendigerweise eine offizielle politische Funktion bekleiden muss.

dung. Brockington u.a. (2008) weisen darauf hin, dass dabei oftmals stillschweigend angenommen wird, dass ländliche Gemeinden >harmonisch und homogen< sind. Ob dies der Fall ist oder nicht, wird von zahlreichen historischen Umständen und äußeren Faktoren mit beeinflusst. So sind gespaltene Gemeinden in Mexiko keine seltene Erscheinung, sowohl in der zapatistischen Konfliktregion in Chiapas als auch in Oaxaca und anderen Bundesstaaten, wo es aktuell häufig um Bergbaukonflikte geht. Selbst ohne nähere Kenntnis der Verhältnisse ist es vermutlich nicht abwegig, für andere Teile der Welt Ähnliches anzunehmen.

Was immer die oftmals unscharfen strukturellen und territorialen Grenzen einer Gemeinde sind, die externen Akteure eines gemeindebasierten Naturschutzes müssen sich auf die >Gemeinde< einlassen, seien es nun Tourismusunternehmen, NGOs oder eine nationale Naturschutzbehörde. Brockington u.a. (2008) verweisen unter Bezugnahme auf Mosse (2004, S. 654) auf den fundamentalen Widerspruch zwischen der Notwendigkeit eines umständlichen und ggf. chaotischen partizipatorischen Prozesses auf der einen Seite und der gleichzeitigen Notwendigkeit einer vertikalen Kontrolle von Projektergebnissen, um Erfolgsindikatoren quantifizieren zu können, auf der anderen Seite. Dieser Spagat ist nicht nur ein Charakteristikum gemeindebasierter Naturschutzprojekte, sondern er trifft auf fast alle Projekte ländlicher Entwicklung zu, wenn sie den Begriff >partizipatorisch< einigermaßen ernst nehmen (vgl. auch das Länderbeispiel Niger am Ende des Buches). Gemeinden im Kontext solcher Projekte, deren >interpretative Funktion< unter anderem darin besteht, dafür zu sorgen, dass die >Entwicklungsinterventionen< innerhalb vorgegebener politischer Paradigmen als Erfolg erscheinen, sind unmittelbarer Teil eines Netzwerks, das sich von der dörflichen bis zur transnationalen Ebene erstreckt. Angehörige dieser interpretativen Gemeinden werden anhand von Strebsamkeit und ihrer Fähigkeit ausgewählt, in der örtlichen Bevölkerung Unterstützung für das in Frage stehende Projekt zu mobilisieren (vgl. Brockington u.a. 2008, S. 91).

Im negativen Fall schließt das Machtmissbrauch, Korruption und den Ausschluss eines Teils der Gemeinde ein. Das kann auch bedeuten, dass die externen Akteure einen solchen Missstand nicht (er)kennen und ohne gründliche Erfassung der örtlichen Verhältnisse schnell >zur Sache< kommen wollen, oder den Missstand nicht erkennen wollen bzw. ihn sogar gezielt fördern, um nach dem Prinzip >teile und herrsche< ihre Agenda durchzusetzen.

Im positiven Fall kann es sich um eine emanzipatorische Ressourcenverwaltung auf lokaler Ebene handeln, d.h. um originär von den Gemeinden beschlossene Vorhaben, die vorrangig dem Zweck dienen, ihre unmittelbare Umwelt gegen den Raubbau von außen zu schützen. Eines der international bekanntesten Beispiele findet sich im mexikanischen Bundesstaat Guerrero, wo sich in den 1990er Jahren die BäuerInnen der Sierra von Petatlán im Südwesten des Bundesstaates gegen die Abholzung ihrer Wälder zusammenschlossen. In diesem Fall unterdrückte der gleiche Staat, der sonst Menschen zum vermeintlichen Schutz von Wäldern aus diesen vertreibt, jene, die sich der Abholzung von Wäldern entgegenstellten und wurde dafür schließlich vom Interamerikanischen Menschenrechtsgerichtshof verurteilt (vgl. Greve 2011). Es gibt weitere Beispiele dieser Art. Allein für Mexiko kommen zwei weitere in den Sinn – der Forstkonflikt in Bancos de San Hipólito im Siedlungsgebiet der Wixaritari[23] (vgl. Clausing / Goschenhofer 2011) und das zapatistische Naturreservat *El Huitepec* nahe San Cristóbal das wiederholt von Auflösung (seitens der Behörden) bedroht war (vgl. Bellinghausen 2008).

Häufiger wird jedoch unter gemeindebasiertem Naturschutz einfach nur verstanden, dass die regionalen und/oder lokalen Institutionen in irgendeiner Form an der Naturschutzmaßnahme beteiligt werden, wobei ein Teil der aus der Vermarktung der Natur entstehenden Einkünfte für ländliche Entwicklung und Armutsbekämpfung eingesetzt wird. So zeigt Gardener (2012) für sieben Dorfgemeinschaften in Loliondo, einer von Massai bewohnten Gegend im nördlichen Tansania, dass der Wechsel zu diesem neoliberalen Modell von den Gemeinden als Chance begriffen wurde, um der zentralistischen Gängelung durch den tansanischen Staat zu entkommen und mehr Handlungsspielraum zu erlangen. Diese Massai-Gemeinden sahen ihre in den späten 1980er Jahren beginnenden direkten Beziehungen zu ausländischen Reiseveranstaltern als »attraktive Option, um die langjährige gewohnheitsmäßige Aneignung von Ressourcen durch die staatlichen Institutionen zu überwinden« (Gardener 2012, S. 378). In diesem Zusammenhang ist es wichtig, im Hinterkopf zu behalten, dass die Region Loliondo einen Sonderfall darstellt. Hier leben die aktivsten und am besten organisierten, für ihre Rechte kämpfenden Massai-Gemeinden Tansanias. Dies war eine Grundlage dafür, dass sich durchaus hoffnungsvolle Joint Ventures zwischen den selbstbewussten BewohnerInnen von

---

23 Huicholes ist der spanische Name für diese im Grenzgebiet zwischen den Bundesstaaten Jalisco, Zacatecas, Nayarit und Durango lebende Ethnie

Massai-Dörfern und kleinen, privaten Reiseunternehmen entwickelten, die Wander- und Fotosafaris auf unmittelbar an den Serengeti Nationalpark angrenzenden Gemeindeländereien organisierten. Die Reiseunternehmen zahlten pünktlich die vereinbarten Gebühren direkt an die Gemeinden, und das Geld verschwand und versickerte nicht, sondern kam den BewohnerInnen zugute. Ein herausragendes Beispiel für diese erfolgreiche Kooperation war das Dorf Ololosokwan, dessen Einkünfte sich innerhalb weniger Jahre vervielfachten. Unter anderem wurde ein 15-Jahres-Vertrag für die Nutzung einer Lodge abgeschlossen, in dem vereinbart war, dass eine anfängliche Nutzungsgebühr von 25.000 Dollar jährlich um 5 Prozent gesteigert werden soll, zuzüglich 3,15 Dollar pro Nacht und TouristIn. Mit den Einnahmen wurden neben Infrastrukturprojekten eine kostenlosen Gesundheitsfürsorge für die DorfbewohnerInnen sowie Sekundärschul- und Studiengebühren für Jugendliche des Dorfes finanziert (vgl. Nelson / Makko 2005). Auch wenn Tourismus nicht als Allheilmittel für ländliche Entwicklung anzusehen ist[24], zeigt das Beispiel, dass daraus erzielte Einnahmen, wenn sie verantwortungsbewusst eingesetzt werden, eine wichtige Anschubfinanzierung sein könnten, um Prozesse der Veränderung auf den Weg zu bringen. In diesem Sinne geht es den Massai-Gemeinden bei derlei Geschäften »weniger um einen strategischen Versuch, die künftige Landnutzung zu bestimmen, als um eine der wenigen brauchbaren Optionen, Ressourcen in einem (gesellschaftlichen) Klima zu beanspruchen, in dem marktbasierte Beziehungen die tansanische Landschaft neu ordnen« (Gardener 2012, S. 398).

Parallel zu den Geschäften der Gemeinden mit den Fotosafari-Unternehmen erwarb in den 1990er Jahren ein Unternehmen aus den Vereinigten Arabischen Emiraten (*Ortello Business Corporation*) für die Region Loliondo Jagdkonzessionen von der tansanischen Regierung. Damit verbunden waren die üblichen Versprechungen: Bau einer Schule, Bohren von Brunnen, Reparatur von Straßen und Zahlung einer jährlichen Gebühr an die Gemeinden. Wie sich herausstellte, waren das größtenteils leere Versprechungen. Der Konflikt war somit vorprogrammiert und brach nach Jahren einer gespannten Beziehung zwischen den beiden Geschäftsmodellen (zentral vermittelten Jagsafaris und lokal vereinbarten Fotosafaris) im Juli 2009 offen aus. Unter dem Vorwand, der schon für die Vertreibungen

---

24 Eine Disproportion zwischen produzierendem und Dienstleistungsbereich oder gar eine nahezu vollständige Abhängigkeit von nur einem einzigen Segment (Tourismus) im Dienstleistungsbereich kann auf Dauer keine nachhaltige ökonomische Basis sein.

aus der Serengeti und dem Ngorongoro-Krater herhalten musste, nämlich dass die Massai-Gemeinden die Umwelt zerstören würden, rückte die tansanische Polizei ein und >säuberte< das vom arabischen Investor beanspruchte Gebiet. Tausende Massai wurden vertrieben und ihre Behausungen abgefackelt.

Ein zweitägiges Treffen im August 2010, das durch die Mobilisierung der Massai-Gemeinden von Loliondo erwirkt wurde und an dem VertreterInnen der tansanischen Regierung und Hunderte Personen aus den betroffenen Gemeinden teilnahmen, blieb ohne Erfolg. Eine Lösung des Konflikts, ist bis heute nicht in Sicht. In der Tat droht die tansanische Regierung ganz aktuell mit neuen Vertreibungen. Konkret geht es um 4.000 km² Land auf dem 35.000 Massai mit ihren Rinderherden leben. Die BewohnerInnen sollen künftig auf 2.500 km² zusammenrücken, während die anderen 1.500 km² der nach wie vor dort agierenden Ortello Business Corporation zur alleinigen Nutzung übergeben werden soll. Anfang April 2013 verhängte die Polizei den Ausnahmezustand über das Gebiet und verbot öffentliche Versammlungen (vgl. Nkwame 2013). Der Minister für Naturressourcen und Tourismus verschanzt sich hinter dem Argument, dass das Land Staatseigentum sei und die Regierung dem zufolge frei über das Land verfügen könne.

Im Gegensatz zu Tansania hat gemeindebasierter Naturschutz in Simbabwe eine längere Tradition und galt für viele Jahr als Erfolgsmodell, wenngleich aufgrund einer undifferenzierten Betrachtung die daran geknüpften Hoffnungen übertrieben waren. Als das Programm CAMPFIRE (*Communal Areas Management Programme for Indigenous Resources*) 1988 gestartet wurde, nahmen 8.880 Haushalte aus zwei Distrikten[25] daran teil. Fünf Jahre später waren es 104.932 Haushalte aus zwölf Distrikten. Und im Jahr 2002 waren formal 37 der 61 ländlichen Distrikte Simbabwes mit 777.000 Haushalten beteiligt. Allerdings waren es nur 23 Distrikte, die wirklich funktionierten und nur zwölf, die dauerhaft Einnahmen vorweisen konnten (vgl. Frost / Bond 2008). Die Idee von CAMPFIRE bestand darin, auf dezentraler Basis Einkünfte im Zusammenhang mit Naturschutzmaßnahmen zu generieren. Im Klartext bedeutete das, Jagkonzessionen auf der Basis eines nachhaltigen Abschussplans zu erteilen, an dessen Erarbeitung die Gemeinde- und Distriktverwaltungen beteiligt waren,

---

25 Distrikte in Simbabwe sind Verwaltungseinheiten der dritten Ebene, Unterstrukturen der Provinzen von ganz unterschiedlicher Größe. Ein ländlicher Distrikt in Simbabwe hatte 2012 zwischen 40.000 und 300.000 Einwohner.

sodass die Wildbestände reguliert erhalten blieben und weder ausgerottet wurden noch überhandnahmen. Child (1996) sah in CAMPFIRE einerseits ein >kommunistisches System<, das auf Gemeinde- statt Privateigentum basierte, andererseits ein >kapitalistisches System<, weil mit ihm eine marktförmige Zuteilung der Ressourcen erfolgte. Die Einkünfte wurden in erster Linie aus der Vergabe von Konzessionen an europäische und nordamerikanische JagdtouristInnen erzielt (89,5 Prozent aller Einnahmen für die Zeit von 1989 bis 2001; Frost / Bond 2008). Die Dezentralisierung bestand darin, dass die Abschussquoten nicht durch eine nationale Behörde, sondern durch die jeweilige Distriktverwaltung festgelegt wurden, bei der auch die Einnahmen landeten, die dann teils für Infrastrukturprojekte verwendet und teils direkt an die Haushalte der teilnehmenden Gemeinden ausgezahlt wurden. Von 1989 bis 2001 wurden auf diese Weise 20 Millionen US-Dollar eingenommen. Später gingen die Einkünfte aufgrund der politischen und ökonomischen Turbulenzen deutlich zurück. Im Landesdurchschnitt kamen auf der individuellen Ebene umgerechnet ein bis drei Dollar pro Jahr an, also »praktisch nichts« (Poshiwa u.a. 2013, S. 109). Eine andere Quelle nennt zwar vier bis sechs US-Dollar pro Haushalt und Jahr (vgl. Rodary 2009), aber an der grundsätzlichen Einschätzung ändert das nichts.

Auch hier führen Pauschaleinschätzungen zu falschen Schlussfolgerungen, denn folgt man den Überlegungen von Holmes und Brockington (2013), ist es verkehrt, den Wert des Konzepts am Landesdurchschnitt der individuellen Einkünfte zu messen und daraus abzuleiten, ob ein Projekt gescheitert ist oder nicht. Bestimmte Regionen waren mehr für dieses Konzept geeignet, andere weniger, allein schon wegen der Unterschiede im Wildreichtum. Die finanziellen Möglichkeiten, die aus CAMPFIRE im günstigsten Fall erwuchsen, sind Tabelle 2 zu entnehmen, in der beispielhaft die Einkünfte der drei profitabelsten Distrikte des Jahres 1999 aufgelistet sind. Die individuellen Haushalte im >Spitzendistrikt< Nyaminyami[26] erhielten ein Zusatzeinkommen von umgerechnet etwa 15 US-Cent pro Tag, was einen beachtlichen Unterschied zu den schätzungsweise 0,1 Cent Kompensation pro Person und Tag im Fall des Mikumi Nationalparks (siehe oben) darstellt, und das, obwohl die Lokalregierungen dieses Distrikts knapp zwei Drittel der Einkünfte für Infrastrukturmaßnahmen einbehielten.

---

26 Der Distrikt trägt heute die Bezeichnung *Kariba rural*

Tabelle 2
Verteilung der CAMPFIRE-Einkünfte (US-Dollar) des Jahres 1999 in den drei profitabelsten Distrikten; Quelle: Frost und Bond (2008)

	Distrikt Binga	Distrikt Guruve	Distrikt Nyaminnyami
Einkommen 1999	301.580	489.872	772.731
Einbehalten	103.368	349.114	470.429
Verteilt	198.212	140.758	302.302
% verteilt	65,7	28,7	39,1
Ausschüttung/Haushalt (Durchschnitt)	10	58	59
Spanne	3-35	0-160	0-197

Auf der Grundlage von Modellrechnungen konnte gezeigt werden, dass Einkommen aus Jagdlizenzen einerseits als Puffer für witterungsbedingte Ernteausfälle dienen können, dass sich aber andererseits die Einkommen mit einer Vergrößerung des Anteils der Schutzgebietsflächen verringerten (vgl. Poshiwa 2013). Ähnlich wie die Einkünfte aus Fototourismus, stellen auch Einkommen aus Jagdlizenzen keine dauerhaft nachhaltige Basis für den Lebensunterhalt dar, sondern sind ausgleichend wirkende Zusatzeinkommen und könnten unter günstigen Rahmenbedingungen als Anschubfinanzierung für eine nachhaltigere Verbesserung der Lebensbedingungen durch andere Mittel eingesetzt werden. Die Sorge, dass eine übermäßige Abhängigkeit von Einkünften aus dem Tourismus Nachteile mit sich bringt, kommen auch in den Worten des Vertreters einer lokalen indischen Naturschutzkommission zum Ausdruck: »Wenn keine Touristen mehr kommen, wird niemand mehr die notwendigen landwirtschaftlichen Kenntnisse haben, und die Leute werden in der Zukunft keine Arbeit mehr haben« (Münster / Münster 2012, S. 215).

Das hier Beschriebene setzt ein dickes Fragezeichen hinter die Aussage von MitarbeiterInnen des neu etablierten und hauptsächlich von der deutschen Kreditanstalt für Wiederaufbau (KfW) finanzierten *Kavango-Zambesi*-Naturparks[27]. Sowohl die Behauptung, der dortigen Mitarbeite-

---

27 Die *Kavango-Zambesi Transfrontier Conservation Area*, kurz KAZA genannt, ist ein länderübergreifendes Projekt, das 36 Nationalparks und Schutzgebiete in Angola, Botswana, Namibia, Sambia und Simbabwe durch Korridore miteinander verbinden soll

rin, dass der Naturschutz >einen sehr großen Dienst< an der Armutsbekämpfung leisten könne als auch die >Faustregel<, dass acht Safari-Urlauber einen Arbeitsplatz schaffen würden (vgl. Stäcker 2011), dürfen angesichts der anderorts erhobenen wissenschaftlichen Daten ernsthaft bezweifelt werden.

Zwischenbilanz

Vertreibungen bzw. Zwangsumsiedlungen im Namen des Naturschutzes sind global nach wie vor an der Tagesordnung. Die transnationalen Naturschutzorganisationen führen die Vertreibungen nicht selbst durch, sind aber als geistige Urheber und Geldgeber daran beteiligt. Der *Trickle-Down-*Effekt von Naturschutzmaßnahmen als Mittel der Armutsbekämpfung, der von diesen Organisationen gelegentlich hervorgehoben wird, ist stark problembehaftet. Innerhalb der betroffenen Gemeinden sind es zumeist die weniger Armen bzw. Wohlhabenderen, die davon profitieren und die möglichen Zugewinne (Jobs, Infrastrukturmaßnahmen, zusätzliche Verdienstmöglichkeiten) werden häufig nicht gegen die Verluste (Ernetzerstörung durch Wildtiere, nicht mehr zugängliche Ressourcen) aufgerechnet. In Untersuchungen, die beide Aspekte berücksichtigen, fiel die Bilanz für die Betroffenen meist negativ aus. Waldlandwirtschaft (Agrarforstwirtschaft) und Agrobiodiversität, zwei Bereiche, die eng mit der Agrarökologie verbunden sind, schnitten bei der Einschätzung des Potenzials für eine Armutsbekämpfung am besten ab.

Für den gemeindebasierten Naturschutz als Alternative zum Festungsnaturschutz, gibt es einige wenige Beispiele mit basisdemokratischen Ansätzen, bei denen die Schutzinitiative originär von den Gemeinden ausging und nicht von externen Akteuren initiiert wurde. Darüber hinaus weist diese Form des Naturschutzes, die, beginnend mit dem Modell CAMPFIRE in den späten 1980er Jahren in Simbabwe, besonders im südlichen Afrika eine gewisse Verbreitung fand, Vorteile gegenüber dem Festungsnaturschutz auf. Trotzdem besteht auch hier die Gefahr der Fortschreibung, eventuell sogar der Vertiefung bestehender Ungleichheiten statt ihrer Beseitigung.

Land Sparing

Das Konzept

Die ProtagonistInnen eines ›Naturschutz ohne Menschen‹ haben nicht nur die Wilddiebe[28], sondern auch die Landwirtschaft als Problem für den Artenschutz entdeckt. Für letzteres haben sie eine ganz eigene Art der Lösung: Mehr Schutzgebiete und weniger landwirtschaftliche Nutzfläche, wobei auf letzterer dann mit hochintensiven Anbauverfahren unter Verwendung von Agrochemikalien, patentgeschützten Sorten und ggf. mit Gentechnik maximale Hektarerträge erzielt werden sollen (der Beweis für die generell behauptete Ertragsüberlegenheit durch Gentechnik wurde bislang nicht erbracht). Paul E. Waggoner, einer der Wortführer für dieses Konzept und derzeit Gastwissenschaftler an der Rockefeller Universität in New York, prägte 1995 dafür den Begriff des Land Sparing. Das Konzept wurde in den letzten zehn Jahren verstärkt aufgegriffen. Knapp 20 Jahre nach seiner Erstveröffentlichung zieht Waggoner zusammen mit zwei Mitautoren Bilanz (vgl. Ausubel u.a. 2013). Die vermeintlichen Erfolge des Land Sparing betrachten die Autoren als direkte Auswirkung der Grünen Revolution, deren Bedeutung ihrer Ansicht nach weit in die Zukunft hinein reicht. Ihre Prognose lautet, dass man sich in 50 Jahren der Grünen Revolution nicht nur wegen der Verbreitung von Anbauverfahren mit hohen Hektarerträgen erinnern wird, sondern auch wegen der Freisetzung von mindestens 1,46 Millionen km² Fläche, die dann zusätzlich für die Bewahrung der Biodiversität zur Verfügung stünde. Das wäre ein Zuwachs von 8 Prozent zur globalen Naturschutzfläche auf dem Land, die derzeit etwa 18 Millionen km² einnimmt. In Ergänzung zu diesen Visionen empfehlen die Autoren ähnlich wie Kauppi u.a. (2006), in stärkerem Maße Baumplantagen unter Verwendung gentechnisch ›verbesserter‹ Bäume zu nutzen, um Naturwälder zu entlasten.

Bei ihren Berechnungen zur Entwicklung der globalen Landnutzung kamen Waggoner und Mitautoren nicht umhin einzuräumen, dass sie den Flächenbedarf von Ernergiepflanzen für die Produktion von Agrotreibstoffen nicht berücksichtigt haben. Überschlägt man hierzu die Zahlen, die allein vom agrarischen Land Grabbing bekannt sind, dann ist bereits heute knapp die Hälfte der von Waggoner und Mitautoren für 2060 versproche-

---

28 siehe Pedersen (2008), S. 16, vgl. auch Schulte-Herbrüggen (2011)

nen Flächen für Agrotreibstoffe entfremdet worden und stünde folglich nicht für den erhofften Zuwachs an Naturschutzflächen zur Verfügung.[29]

An dieser Stelle sei der Hinweis gestattet, dass die Zeitschrift *Population and Development Review*, in der die Arbeit von Waggoner und Mitautoren erschien, vom *Population Council* herausgegeben wird, einer 1952 von John D. Rockefeller III gegründeten US-amerikanischen NGO, die ihre Wurzeln in der (1972 umbenannten) *American Eugenics Society* hat. Für die ersten sieben Jahre nach Gründung des Population Council setzte Rockefeller den ehemaligen Präsidenten der American Eugenics Society, Frederick Osborne, als Leiter ein. Osborne blieb seinen eugenischen Überzeugungen treu und äußerte 1968: »Die Ziele der Eugenik werden höchstwahrscheinlich nicht unter diesem, sondern unter einem anderen Namen erreicht werden.«[30] Land Sparing und Festungsnaturschutz passen gut in diese geistige Landschaft.

Drei britische Wissenschaftler, Andrew Balmford, Rhys Green und Ben Phalan traten wiederholt in Erscheinung, wenn es darum ging, das Land Sparing-Konzept unter WissenschaftlerInnen, in der Öffentlichkeit und bei PolitikerInnen zu popularisieren. Sie nutzten dafür unter anderem einflussreiche Fachzeitschriften wie das Wissenschaftsmagazin *Science*, wobei das Thema von dort aus mittlerweile in die ›Leitmedien‹ der Tagespresse vorgedrungen ist. So erschien 2011 im britischen *Guardian* eine Veröffentlichung unter dem Titel »*Land Sparing beats Land Sharing*«, und die *New York Times* vom 17. Dezember 2012 berichtete ausführlich über die oben erwähnte Studie von Waggoner und Mitautoren. Wenn nachfolgend die Publikationen von Phalan, Balmford und Mitautoren detaillierter besprochen werden, dann geschieht das, um zu verdeutlichen, wie auf akademischer Ebene eine bestimmte Meinung vorbereitet wird, die dann die öffentliche Meinung beeinflusst oder manchmal sogar beherrscht. Im dazugehörigen Kasten wird ein kritischer Blick auf die vermeintliche Unabhängigkeit der Wissenschaft geworfen bzw. gezeigt, wie die Bildung einer Gegenmeinung behindert wird.

Phalan und seine Mitautoren schlussfolgern, basierend auf Modellrechnungen zu Daten über die Bestandsdichte und Verbreitung von Vögeln und

---

29 Laut BMZ (2012) sind bislang zwei Millionen Quadratkilometer dem landwirtschaftlichen Land Grabbing zum Opfer gefallen, von denen etwa 35% zur Produktion von Agrotreibstoffen genutzt werden (Fritz 2010). Daraus ergibt sich eine Fläche von 0,7 Millionen km², die mit Energiepflanzen bebaut ist.

30 http://en.wikipedia.org/wiki/Population_Council

Bäumen in Indien und Ghana, »dass substanzielle Ertragssteigerungen bei gleichzeitiger Verschonung natürlicher Habitate ein größeres Potenzial bieten, um den steigenden Bedarf an Nahrungsmitteln mit dem geringsten Schaden für andere Arten (als den Menschen – P.Cl.) zu kombinieren« (Phalan u.a. 2011a, S. 1291). Im Gegensatz zu Waggoner und Mitautoren, die auch im 21. Jahrhundert die Grüne Revolution bedenkenlos als zukunftsträchtige Lösung anpreisen, bedienen sich Phalan, Balmford und Mitautoren des Begriffs der ›nachhaltigen Intensivierung‹, geben zugleich zu bedenken, dass nicht garantiert ist, dass ›verschontes Land‹ auch immer dem Biodiversitätsschutz zu Gute kommt und stellen fest, dass sich die chemischen Inputs der Intensivlandwirtschaft auch negativ auf Flächen ohne landwirtschaftliche Nutzung auswirken können (vgl. Phalan u.a. 2011a). In weiteren Veröffentlichungen kritisieren sie dann jedoch ›alternative‹ Formen der Landwirtschaft (jene auf die auf dem Konzept des Land Sharing basieren), bezeichnen diese unterschiedslos als Niedrigertragslandwirtschaft (vgl. Phalan u.a. 2011b), und fordern dazu auf, ›alle Optionen‹ in Betracht zu ziehen, von der Gentechnik bis zum Biolandbau. Die Gewinner bei diesem wissenschaftlichen Wettstreit sollen anhand von Daten und nicht auf der Basis von Ideologie bestimmt werden (vgl. Balmford u.a. 2012). Hier begegnen uns die ›ideologiefreien Sachzwänge‹ auf die wir weiter hinten zurückkommen werden (vgl. S. 72 bzw. Wilson 2013).

Die von den VerfechterInnen des Land Sparing ›politisch korrekt‹ geführte Debatte über den besten Weg, Naturschutz und Welternährung in Einklang zu bringen, gleicht der Diktion der GentechnikbefürworterInnen, die versuchen, Gentechnik entkoppelt vom sozialen und ökologischen Kontext als ›neutrale Wissenschaft‹ darzustellen. Dabei ist der hier artikulierte Einspruch gegen ›neutrale‹ Diskussionen und ›politisch-korrekte‹ Debatten, kein Plädoyer für Unsachlichkeit, bei der fehlende Argumente durch Behauptungen und Emotionen ersetzt werden sollen. Im Gegenteil, Einspruch wird hier gegen die unsachliche Herangehensweise geltend gemacht, die eine Problematik, die sowohl naturwissenschaftliche als auch gesellschaftliche Aspekte berührt, auf ein angeblich ›neutrales‹, rein naturwissenschaftliches Terrain zu reduzieren versucht. Nach dieser Reduzierung lassen sich dann durch das selektive Weglassen oder Hervorheben von Informationen weitere Unsachlichkeiten hinzufügen. Ein Beispiel soll das illustrieren:

In ihrer Veröffentlichung in der Zeitschrift *Food Policy* stellen Phalan u.a. (2011b, S. 65) fest, dass mit »alternativen Formen der Landwirtschaft

... einschließlich Biolandbau hohe Erträge erzielt werden können«, nennen die betreffenden Publikationen und heben dann hervor, dass »in den meisten Fällen« diese Publikationen wissenschaftlich inkorrekt gewesen seien. Dies wird mit dem Verweis auf kritische Kommentare ›belegt‹, die unmittelbar nach diesen Veröffentlichungen erschienen, so zum Beispiel von Alex Avery, vehementer Gentechnik-Befürworter, erklärter Kuba-Feind und Direktor der Abteilung für Forschung und Bildung am *Center for Global Food Issues* des *Hudson Institute*[31]. Die Erwiderung, mit der die AutorInnen (in diesem Fall Badgley u.a. 2007) die Attacke von Avery Punkt für Punkt widerlegen, bleibt dann bei Phalan und Mitautoren unerwähnt. Folglich wirkt die Phalan-Publikation ›politisch korrekt‹, denn schließlich kommen alle Seiten zu Wort. Doch die von der einen Seite in die Welt gesetzten Lügen bleiben unangefochten im Raum stehen und somit auch die (eigentlich widerlegte) Diskreditierung des Ertragspotenzials agrarökologischer Anbaumethoden.

Die Publikationen von Phalan, Balmford und Green zeichnen sich durch weitere Auffälligkeiten aus. Dazu zählen eine Tendenz zur Verharmlosung der Umweltkosten der konventionellen Intensivlandwirtschaft, die Ablehnung des Konzepts der Ernährungssouveränität mit der impliziten Favorisierung einer Ernährungssicherheit auf Basis globaler Handelsströme und eine Fehlinterpretation der Wirksamkeit der europäischen Agrarpolitik in Bezug auf die Förderung des Land Sharing. Bei letzterem Punkt setzten Balmford und Mitautoren die Landwirtschaft in der Europäischen Union aufgrund der 34,5 Milliarden Euro, die von 2007 bis 2013 als Ausgleichszahlungen für Umweltschutzmaßnahmen budgetiert wurden, mit Land Sharing gleich und stellten einen »oftmals minimalen Gewinn für den Erhalt der Biodiversität« fest (Balmford u.a. 2012, S.2720). Sie beziehen sich dabei auf eine Analyse von Kleijn u.a. (2011), deren Hauptaussage jedoch in der Feststellung besteht, dass aufgrund fehlender Vorort-Untersuchungen über den Effekt der 34,5 Milliarden faktisch nichts gesagt werden kann (was etwas anderes ist als die Wirkungslosigkeit der eingesetzten Mittel zu behaupten). Davon abgesehen, dürfte die pauschale Unterstellung, die Europäische Union sei ein Hort des Land Sharing ohnehin falsch sein.

Der Begriff ›nachhaltige Intensivierung‹ wurde ursprünglich von dem britischen Forscher Jules Pretty zur Beschreibung agrarökologischer Verfahren in Afrika verwendet (vgl. Pretty 1997). Doch der Terminus kam

---

[31] eine erzkonservative U.S.-Denkfabrik (für die der *Club of Rome* als linksorientierte Gruppe gilt) siehe http://de.wikipedia.org/wiki/Herman_Kahn

Unabhängige Wissenschaft?

Bekanntermaßen ist bereits die Erzeugung von Daten ein durch Interessengruppen beeinflusster Prozess. Das beginnt mit der Zuteilung von Mitteln für die öffentliche Forschung, die nicht notwendigerweise auf der Basis fairer bzw. demokratischer Prinzipien beruht. Ein klassisches Beispiel ist die vergleichsweise große Menge an Forschungsmitteln, die weltweit der gentechnischen im Vergleich zur agrarökologischen Forschung zur Verfügung steht (vgl. Vanloqueren / Baret 2009). Und es endet ggf. mit der Art der statistischen Auswertung. Hinzu kommt die Entscheidung darüber, was wo publiziert werden darf und was nicht. Solche Entscheidungen können ›von innen‹ beeinflusst werden, durch die Besetzung der Herausgeberposten und die gezielte Auswahl der GutachterInnen, die eingereichte Manuskripte bewerten (peer-review). Oder es kommen ›von außen‹ juristische Mittel (oder deren Androhung) ins Spiel. Dazu zählen zum Beispiel die Blockade der Veröffentlichung kritischer Ergebnisse durch Geltendmachung geistiger Eigentumsrechte (auf Pflanzen und Substanzen, die bei den Untersuchungen verwendet wurden) oder einstweilige Verfügungen bzw. die Androhung eines Rechtsstreits wegen angeblicher Falschdarstellungen, bei dem die Unternehmen finanziell den längeren Atem haben als einzelne WissenschaftlerInnen. Dann gibt es das Spiel mit ›Briefen an den / die HerausgeberIn‹. Dort kann man – wie Briefe dieser Art von Avery (2007) und Hendrix (2007) zeigen – ungestraft den größten Unsinn behaupten und später dient es dann anderen als ›wissenschaftliche Referenz‹, um unliebsame Kritik zu diffamieren. Schließlich gehören dazu informelle Netzwerke wie die ›Dichte‹ der Beziehungen von VertreterInnen einer bestimmten Denkrichtung zu Massenmedien. Publikationen zu wichtigen Themen in renommierten wissenschaftlichen Zeitschriften wie *Nature* oder *Science* werden immer öfter mit einer Pressekonferenz kombiniert, auf der der Inhalt der Publikation an die VertreterInnen der Massenmedien ›verkauft‹ wird.

Ein besonders unverfrorenes Beispiel für eine interessengeleitete Postenbesetzung ist die jüngste Schaffung eines speziellen Herausgebers für ›Biotechnologie‹ in der Zeitschrift *Food and Chemical Toxicology* und seine Besetzung mit einem ehemaligen Monsanto-Mitarbeiter. Im Herbst 2012 veröffentlichte in dieser Zeitschrift ein Team um den französischen Wissenschaftler Gilles-Eric Séralini Labor-Ergebnisse zur krebserzeugenden Wirkung sowohl des Monsanto-Herbizids Roundup als auch des gentechnisch veränderten Maises selbst. Die Publikation schlug ein wie eine Bombe und löste eine der heftigsten Schmähkampagnen von Gentechnik-BefürworterInnen aus, die es jemals gegeben hat, aber die Zeitschrift widerstand den Forderungen von Monsanto, die Veröffentlichung zurückzuziehen. Anfang 2013 knickte Food and Chemical Toxicology allerdings ein und schuf die neue Position eines assoziierten Herausgebers für Biotechnologie. Diese Stelle wurde mit Richard E. Goodman besetzt, der von 1997 bis 2004 für Monsanto gearbeitet hatte. Damit dürfte ›Problemen‹, wie sie die Publikation von Séralini u.a. (2012) hervorrief, künftig ein Riegel vorge-schoben sein. Ein etwas zurück liegendes, weiteres Beispiel aus dem Bereich der Gentechnik ist der Fall von David Quist und Ignacio Chapela von der Univer-sität Berkeley in Kalifornien, die im Jahr 2001 gentechnische Verunreinigungen von Mais auf mexikanischen Feldern nachwiesen (Mexiko gilt als Ursprungsland und Zentrum der genetischen Vielfalt von Mais). Auch diese beiden Autoren wurden mit einer Flut aggressiver und sachlich unrichtiger Kommentare und Kritiken überzogen, wobei wenige Jahre später ihre Befunde von veschiedenen anderen Seiten bestätigt wurden.

aufgrund seiner missbräuchlichen Verwendung durch die Agrarindustrie und die sie unterstützenden Institutionen so sehr in Misskredit, dass Scoo-nes und Thompson (2011, S.6) bei nachhaltiger Intensivierung von einem »schlüpfrigen Begriff« sprechen, der zu einem »Spitznamen« geworden sei, mit dem alles zusammengefasst werde, was allgemein unter Afrikas Grüner Revolution verstanden wird.

Im Jahr 2012 wurde zur Rehabilitierung des Begriffs ein hochkarätiger Workshop an der Universität Oxford abgehalten. Dass es sich dabei um einen ehrlichen Versuch der Rehabilitierung gehandelt hat, darf bezweifelt werden. Der Ruf der Workshop-TeilnehmerInnen nach einem ergebnisof-fenen, d.h. unverbindlichen Umgang mit dem Begriff gab der Veranstal-tung einen merkwürdigen Beigeschmack der sich verstärkt, wenn man sich den Beirat des *Oxford Martin Programme on the Future of Food* anschaut, das den Workshop organisiert hat. Zu dessen Mitgliedern gehören unter anderem:

– Pascal Lamy (bis vor kurzem Direktor der Welthandelsorganisation)
– Craig Venter (US-amerikanischer Biochemiker und notorischer Biopirat)[32]
– Ernesto Zedillo (ehemaliger Präsident von Mexiko, ein neoliberaler Tech-nokrat der in den USA wegen Komplizenschaft am Massaker von Acteal angezeigt wurde, bei dem Paramilitärs 45 Menschen ermordeten[33])

Im breitgefächerten Kreis der 29 TeilnehmerInnen des Workshops waren neben UniversitätsvertreterInnen (einschließlich Andrew Balmford) auch der WWF und der *Biotechnology and Biological Sciences Research Council*

---

32 vgl. z.B. www.etcgroup.org/content/rocking-boat-j-craig-venters-microbial-collecting-expedition-under-fire-latin-america
33 http://amerika21.de/nachrichten/2012/09/59223/acteal-straffreiheit-zedillo, vgl. auch Bellinghausen (2010).

vertreten. Letzterer ist eine der wichtigsten Gentechnik-Lobby-Organisationen Großbritanniens. Auffällig war ferner die geschlossene Abwesenheit der Fraktion der AgrarökologInnen, obwohl gerade deren Teilnahme für einen Klärungsprozess zur Verwendung des Begriffs ›nachhaltige Intensivierung‹ wichtig gewesen wäre, denn schließlich wurde der dieser von ihnen geprägt. So drängt sich die Vermutung auf, dass es sich bei dem Workshop eher um den Versuch einer Reanimation der Glaubwürdigkeit eines Begriffs gehandelt hat, der sich trefflich als ›diskursive Nebelkerze‹ verwenden lässt. Man ist also gut beraten, skeptisch zu bleiben, wenn von ›nachhaltiger Intensivierung‹ die Rede ist, auch wenn man sich eigentlich kaum eine bessere Beschreibung für agrarökologische Anbaumethoden vorstellen kann.

Dem Thema Land Sparing ist in dem Workshop-Bericht ein gesonderter dreiseitiger Abschnitt gewidmet – auch hier mit dem Appell zu einem ergebnisoffenen Umgang mit diesem Konzept, ähnlich wie der Workshop zu einem ergebnisoffenen Umgang mit dem Begriff ›nachhaltige Intensivierung‹ aufruft. Im Kontrast zu dieser Forderung nach einem ›ergebnisoffenen‹ Umgang mit dem Land Sparing unterzog unlängst eine Gruppe von AgrarökologInnen dieses Konzept einer fundierten Kritik (vgl. Tscharntke u.a. 2012). Von dem achtköpfigen Autorenkollektiv wird geltend gemacht, dass das Konzept nicht nur daran krankt, dass die durch Intensivlandwirtschaft für den Naturschutz vermeintlich gewonnenen Flächen durch ausgewaschene bzw. verdriftete Pestizide und Düngemittel beeinträchtigt werden können und dass es wenig Garantien dafür gibt, dass diese Flächen tatsächlich dem Schutz der Biodiversität zu Gute kommen. Sie kritisieren auch, dass die VerfechterInnen des Land Sparing bei ihrem Vergleich zahlreiche weitere positive Effekte verschweigen, die ein auf Agrarökologie basierendes Land Sharing mit sich bringt. Diese Effekte, die deutlich über den einfachen Erhalt der biologischen Vielfalt hinausgehen, schließen diverse Umweltdienstleistungen[34] mit ein. Dazu zählen die Verbesserung des Wasserhaushalts, lindernde Einflüsse auf den Klimawandel und die Bestäubung durch Insekten, die in den Agrarwüsten einer industriellen Landwirtschaft keinen Platz haben.[35]

---

34 Die Verwendung dieses Begriffs, der natürliche Prozesse in eine marktwirtschaftliche Kategorie zwängt, möge entschuldigt werden.

35 Rund ein Drittel der weltweiten Nahrungsmittelproduktion ist von der Bestäubung durch Insekten abhängig.

Andere, von der Land Sparing-Fraktion nicht berücksichtigte Aspekte sind: (1) die fortschreitende Zerstörung der Böden durch (intensiv)landwirtschaftliche Aktivitäten, denen einzig und allein die bodenverbessernden Maßnahmen agraökologischer Konzepte etwas entgegensetzen können und (2) indirekte Landnutzungsänderungen, da vielerorts die lokale Bevölkerung verdrängt wird (die dann noch weniger geeignete Standorte für ihre Eigenversorgung in Nutzung nimmt), wenn eine hochintensive industriemäßige Landwirtschaft Einzug hält. Tscharntke u.a. (2012) weisen außerdem darauf hin, dass es zumindest in der heutigen Zeit keine direkte Beziehung zwischen globalem Hunger und global verfügbarer Nahrungsmenge gibt. Sie beziehen sich dabei auf die bekannte Tatsache, dass etwa eine Milliarde Menschen chronisch hungert, während zugleich die weltweit produzierte Nahrungsmenge derzeit ausreicht, um die gesamte Weltbevölkerung satt werden zu lassen, zumindest was den Kalorienbedarf anbetrifft.

Zusammenfassend ist festzustellen, dass in der Land-Sparing-kontra-Land-Sharing-Debatte einerseits eine Art Stellvertreter-Diskussion mit Blick auf die Gentechnik-Kontroverse stattfindet, denn vom Land Sharing gibt es einen unmittelbaren Bezug zu agrarökologischen Anbaumethoden und Land Sparing führt schnurstracks zur Gentechnik wie am Beispiel des ›zertifizierten‹ Sojaanbaus zu erkennen ist. Zugleich treten an dieser Debatte explizit die unterschiedlichen Vorstellungen über Art und Weise des Schutzes der Biodiversität zu Tage. Land Sharing steht für Naturschutz mit den Menschen. Land Sparing bedeutet Landwirtschaft (fast) ohne Menschen und einen Schutz der Natur vor diesen.

Die erhoffte Rückkehr der Wälder

Der globale Waldverlust spielt im Rahmen der Umweltkrise eine herausragende Rolle. Damit gehen die Sorgen über die Folgen von Artenverlust, Klimawandel, aber auch den Verlust der Lebensgrundlage für vom Wald abhängige Bevölkerungsgruppen einher. NGOs und kirchliche Hilfswerke prangern die Zerstörung der Lebensgrundlagen indigener Völker durch Palmölplantagen und Sojawüsten an. Die im vorangegangenen Kapitel beschriebene Idee des Land Sparing impliziert die Vorstellung einer Wiederbewaldung, der von der Landwirtschaft nicht benötigten Flächen. Bei der ›Rettung des Klimas‹ durch Kohlenstoffmärkte hat der Wald eine Schlüsselfunktion, und transnationale Naturschutzorganisationen fordern zu

Spenden auf, >um die Säge zu stoppen<. Seit 1980 veröffentlicht die FAO in regelmäßigen Abständen einen Waldbericht, den *Global Forest Ressources Assessment*, in dem die Waldverluste systematisch beschrieben werden (siehe zuletzt FAO 2010).

Was als Wald betrachtet wird, ist eine Definitionsfrage. Dabei ist nicht nur die Unterscheidung zwischen Primär- und Sekundärwäldern (inklusive Baumplantagen) bedeutsam, sondern auch die Frage, ob Flächen, die zu zehn Prozent mit Bäumen bedeckt sind, noch als Wald gelten oder ob die Wertung erst bei 30-prozentiger Baumbedeckung beginnt. Setzt man die Zehn-Prozent-Marke, werden locker bestandene Savannenwälder mit berücksichtigt, was Sinn macht. Auf der Basis dieses Kriteriums sind derzeit rund 30 Prozent der globalen Erdfläche (40 Millionen km^2) mit Wald bedeckt, zu einem Drittel mit Primärwäldern und zu zwei Dritteln mit Sekundärwäldern (FAO 2010). Die Entwaldungsrate hat von 2000 bis 2010 gegenüber 1990 bis 2000 leicht abgenommen (Tabelle 3). Weltweit betrug der jährliche Verlust in den neunziger Jahren im Durchschnitt 8,3 Millionen Hektar, in den ersten zehn Jahren dieses Jahrhunderts nur noch 5,6 Millionen Hektar jährlich. Der Tabelle ist zu entnehmen, dass es in Asien mehr Waldzunahme als -abnahme gegeben hat, was vor allem auf die Entwicklung in China zurückzuführen ist. Generell wird etwa die Hälfte des Waldverlustes durch Wiederbewaldung ausgeglichen.

Tabelle 3
Veränderung des globalen Waldbestandes in den letzten zwei Dekaden; Quelle: FAO (2010).

	Durchschnittliche jährlich Veränderung (km^2)	
Region	*1990-2000*	*2001-2010*
Afrika	-40.670	-34.140
Asien	-5.950	+22.350
Europa	+8.770	+6.760
Nord- und Mittelamerika	-2.890	-100
Südamerika	-42.130	-39.970
Australien/Ozeanien	-410	-7.000
Summe	*-83.280*	*-52.100*

In Regionen, wo (im Vergleich zu früheren Verhältnissen) der Zuwachs an Waldflächen den Waldverlust übertrifft, wird von einem Übergang gesprochen, von der *Forest Transition*. Diese Transition kann entweder in einer Zunahme der bewaldeten Fläche oder in einer Zunahme der von Wäldern produzierten Biomasse zum Ausdruck kommen, wobei die Flächenzunahme aufgrund der Möglichkeit der Satellitenerkundung einfacher zu erfassen ist. Die Wiederbewaldung kann durch Pflanzung (im schlimmsten Fall von Baum-Monokulturen), durch eine Umstellung des landwirtschaftlichen Anbausystems auf Agrarforstwirtschaft oder einfach dadurch geschehen, dass der Wald sich die Flächen zurückholt, die von den Menschen dauerhaft oder zeitweise verlassen wurden. Letzteres findet auch bei extensiven Anbausystemen statt, die gemeinhin unter dem Begriff *Slash and Burn* bekannt sind.

Es leuchtet ein, dass der Umschwung vom Waldverlust zur -zunahme etwas ist, an dem Menschen direkt oder indirekt beteiligt sind. Historisch betrachtet gab es einen solchen Umschwung in einer Reihe von Ländern anscheinend als ›Nebeneffekt‹ aufgrund gesellschaftlicher Veränderungen. Das weckt bei Natur- und Waldschützern die Hoffnung, dass der seit vielen Jahren in den Ländern des Südens beobachtete Waldverlust eines Tages sozusagen ›von selbst‹ aufhören könnte. Manche von ihnen (vgl. Ausubel u.a. 2013) haben sich sogar zu entsprechenden Prognosen hinreißen lassen.

Zur Erstellung von Prognosen blickt man in der Regel in die Vergangenheit. Im vorliegenden Fall geht es dabei um die Frage, ob und unter welchen Bedingungen erwartet werden kann, dass es zu einer Forest Transition in den tropischen Ländern kommt, ähnlich wie sie im 19. und 20. Jahrhundert in europäischen Ländern und in Teilen der USA stattgefunden hat. Aufgrund retrospektiver Analysen wurden zwei zur Forest Transition führende Wege identifiziert, die einander nicht notwendigerweise ausschließen müssen (vgl. Rudel u.a. 2005, Meyfroidt / Lambin 2011). Der erste Weg wurde mit dem Etikett ›wirtschaftliche Entwicklung‹ versehen, der andere mit ›Holzmangel‹. Der Weg über die wirtschaftliche Entwicklung wird von den AnhängerInnen der Forest-Transition-Theorie gern auf eine einfache Formel gebracht: die Industrialisierung und das Wachstum des Dienstleistungssektors ziehen die Arbeitskräfte vom Land in die Städte, die landwirtschaftliche Intensivierung erhöht in den am besten geeigneten Regionen sowohl die Profitabilität der landwirtschaftlichen Produktion und als auch die Menge produzierter Nahrungsmittel, wobei die Entvölkerung der weniger geeigneten Standorte durch marktwirtschaftliche Mechanismen (Preisverfall) beschleunigt wird. In den so verlassenen Gegenden kommt es zu der erwähnten Rückeroberung ganzer Landstriche durch den Wald. Mit anderen Worten, dieser Theorie zufolge sind Industrialisierung und ein in der Landwirtschaft erwirtschafteter Wohlstand die Triebkräfte der Entvölkerung. Das bringt diese Art der Landnutzungsänderung in den unmittelbaren Kontext von Landwirtschaft, Biodiversitätsschutz und Urbanisierung, und ist sozusagen die Austragung der Kontroverse zwischen Land Sparing und Land Sharing auf einer anderen Ebene. Die Prozesse lassen sich aber nicht auf die einfache Formel ›landwirtschaftlicher Wohlstand – Urbanisierung – Wiederbewaldung‹ reduzieren. Schon in dem kurzen englischen Wikipedia-Eintrag zu Forest Transition[36] wird betont, dass sowohl Ursachen als auch Folgen der Forest Transition stark variieren können. Die unten geschilderten historischen Beispiele aus Europa und den USA belegen das.

Der zweite Weg zum Umschwung vom Waldverlust zur -zunahme, ist laut Forest-Transition-Theorie der Holzmangel. Dieser führt nach Ansicht der Experten zu steigenden Holzpreisen, was wiederum die Landeigentümer zu Investitionen anregen wird, um Baumplantagen anzulegen. Dank dieser Intensivforstwirtschaft, die künftig auch gentechnisch veränderte Bäume einschließen soll (vgl. Sedjo / Botkin 1997), wird es möglich, den Holzbedarf mit einem geringeren Flächenverbrauch zu decken, sodass die übrigen Wälder von Abholzung verschont bleiben. Die offizielle Politik würde schließlich durch diese Entwicklung dazu veranlasst, Schutzgebiete zu etablieren, sodass der Erhalt der biologischen Vielfalt gesichert wird (vgl. Meyfroidt / Lambin 2011). Eine Reduzierung des Holz-und Papierverbrauchs wird von diesen Autoren, die auch als Politikberater agieren, in einem Nebensatz erwähnt, aber eine Empfehlung wird daraus nicht abgeleitet. Stattdessen konzentrieren sie sich auf ›realistische Prognosen‹ von einer 20prozentigen Steigerung des Holzverbrauchs bis 2030 (auf ca. 4.470 Millionen Kubikmeter) und auf die zu erwartende, durch den Emissionshandel stimulierte Ausbreitung von Baumplantagen. Meyfroidt und Lambin (2011) räumen zwar ein, dass Baumplantagen »oft negative ökologische Auswirkungen« haben (S. 363), doch ihre Schlussfolgerungen gehen in eine andere Richtung: die Politik solle Baumplantagen[37] und deren Pro-

---

36 http://en.wikipedia.org/wiki/Forest_transition (6.4.2012)

37 Baumplantagen hatten im letzten Jahrzehnt bei rasantem Wachstum (4,6 Millionen Hektar/Jahr von 1990-2010) zuletzt einen Anteil von etwa 5 % an der globalen Waldfläche (Rudel 2009, FAO 2010)

duktivität fördern, »naturfreundliche« Landwirtschaft in Gegenden (und nur dort!, P.Cl.) unterstützen, die für eine industriemäßige Großproduktion »aufgrund der biophysikalischen oder sozialen Bedingungen« ungeeignet sind (S. 364), und die Zonierung von landwirtschaftlichen Flächen betreiben, die ein hohes Potenzial aufweisen, was nicht danach klingt, als würde die von derlei Planungen betroffene lokale Bevölkerung einbezogen werden. Auch die angebliche Macht des Konsumenten und das vermeintliche neue Umweltbewusstsein der Unternehmen finden bei Meyfroidt und Lambin als potenzielle Faktoren, die eine Wiederbewaldung fördern, gebührende Erwähnung.

Historischer Rückblick

Was zeigt uns ein Blick in die Geschichte der Forest Transition?

Großbritannien. Die ländliche Bevölkerung wurde nicht von dem durch die Industrialisierung geschaffenen Wohlstand aufgesogen, sondern sie wurde vom Land vertrieben. Die Industrialisierung selbst führte nicht zu einer Forest Transition.

In Großbritannien kam es im 19. Jahrhundert zwar zu einer massiven Abwanderung vom Land in die Stadt, nicht jedoch zu der für einen solchen Prozess angeblich typischen Wiederbewaldung. Die umfangreiche Land-Stadt-Migration in dieser Periode war genauer gesagt eine massive Vertreibung, verbunden mit einer dramatischen Landumverteilung, die unter dem Namen *Enclosure Movement* in die Geschichtsbücher eingegangen ist.

Dabei waren die entstehenden Fabriken bereitwillige Empfänger der entwurzelten Bevölkerung. Im Ergebnis dieser schon von Friedrich Engels und Karl Marx analysierten Enteignungswelle hatte sich im Jahr 1876 die Hälfte der gesamten landwirtschaftlichen Nutzfläche von England und Wales in der Hand von nur 2.250 Menschen konzentriert (vgl. Bollier 2002, S. 46). Doch eine Wiederbewaldung der entvölkerten Flächen blieb nicht nur aus, sondern die Walddecke reduzierte sich weiter. Die ehemaligen gemeinschaftlich genutzten Weideflächen wurden von den neuen Eigentümern in Ackerland umgewandelt, wobei trotz steigender Gesamtproduktion auch die Agrarimporte stiegen. Importe aus der Quasi-Kolonie Irland deckten 1840 mindestens ein Sechstel des englischen Nahrungsmittelbedarfs. Die Importe aus Irland wurden auch während der dortigen Hungerkatastrophe (1845-49), als eine Million Menschen starben, fortgesetzt. Hinzu kamen Importe aus den Kolonien in Asien und Afrika. Während sich Großbritannien 1860 noch zu 80 Prozent selbst versorgte, war dieser Anteil im Jahr

Enclosure und Deutungsmacht

Die gesetzlich verfügte Privatisierung und Einzäunung (daher >*Enclosure*<) des Gemeindelandes in Großbritannien erfolgte vor allem in der Zeit von 1750-1830 (vgl. Turner 1984). Der Umgang mit der Geschichte dieses Enteignungsprozesses ist ein Beispiel dafür, wie hegemoniale Deutungsmacht geschaffen wird. Unter dem Titel »Die Tragödie der Almende« beschrieb Garret Hardin (1968) den vermeintlichen Niedergang gemeinschaftlich genutzter Weideflächen im mittelalterlichen und nach-mittelalterlichen England. Er stellte den durch Überweidung bedingten Zusammenbruch dieses landwirtschaftlichen Systems als Folge einer angeblichen kollektiven Übernutzung dar. Ein willkommener >geschichtlicher Beleg< dafür, dass ein verantwortungsbewusster Umgang mit gemeinschaftlich genutztem Eigentum nicht möglich sei. Nur wenige Zeitschriftenaufsätze dürften so wie Hardins innerhalb kürzester Zeit über 50 Mal erneut abgedruckt (vgl. Foxall 1979) und über 21.000 Mal zitiert worden sein. Es ist sicher nicht falsch, Hardins Artikel als das einflussreichste Papier bei der geistigen Vorbereitung der von der Weltbank betriebenen Landprivatisierungsprogramme im globalen Süden zu betrachten. Es brauchte fast 17 Jahre bis Susan Buck-Cox (1985) mit einer gründlichen historischen Arbeit dem etwas entgegensetzte. In ihrer Analyse machte sie deutlich, dass der ökologische Zusammenbruch der kollektiv bewirtschafteten Weiden in England weniger eine Folge des Versagens von kollektivem Handeln war, als vor allem das Ergebnis des Machtmissbrauchs durch einzelne Personen, die aufgrund ihrer gesellschaftlichen Stellung in der Lage waren, sich über die kollektiven Nutzungsregeln hinwegzusetzen. Im England des 19. Jahrhunderts wurde in einer breiten Kampagne zu einer >effektiveren Landnutzung< die Landreform zu Gunsten der Reichen damit gerechtfertigt, dass die kollektive Nutzung die Ländereien ruiniert hätte. Diese ideologisch motivierte Kampagne wurde von Hardin rund 100 Jahre später aufgegriffen und unter Ignorierung der konkreten historischen Umstände in eine akademisch fundierte >Wahrheit< transformiert.

1913 auf 45 Prozent gesunken (vgl. Winstanley 2004, S. 208-209). Dies hatte teilweise mit der Bevölkerungsentwicklung in England zu tun, die sich von 8,3 Millionen im Jahr 1801 (dem Jahr des ersten offiziellen Zensus) innerhalb eines Jahrhunderts nahezu vervierfacht hatte – auf 30,5 Millionen im Jahr 1901.[38] In dieser Periode sank die Waldfläche kontinuierlich ab, bis ihr Anteil in den 1920er Jahren den Tiefstand von weniger als fünf Prozent erreichte. Dann schritt die Politik ein und sorgte mit der Gründung einer staatlichen Forstkommission für eine gezielte, langsam voranschreitende Wiederaufforstung. Heute sind 11,8 Prozent des Vereinigten Königreiches

---

38 http://en.wikipedia.org/wiki/Demography_of_England.

wieder mit Wald bedeckt. Es waren also nicht die >Kräfte des Marktes<, bzw. der vermeintliche Automatismus einer durch Wohlstand erzeugten Urbanisierung, die eine Trendwende bewirkten, sondern die Durchsetzung politischen Willens. Die Gründe für das Schrumpfen der britischen Wälder im 18./19. Jahrhundert dürften ähnliche gewesen sein wie in Frankreich: Holz für den Schiffsbau (für die >Seefahrernation< Großbritannien sicher noch wichtiger als für Frankreich), Bauholz und Holz zur Produktion von Holzkohle, die unter anderem zu Schießpulver weiterverarbeitet wurde (vgl. Tozer 2010). Doch während in Frankreich im Jahr 1827 ein Forstschutzgesetz verabschiedet wurde, dauerte es in Großbritannien fast weitere 100 Jahre bis zu einer solchen Maßnahme. Neben den demografischen Faktoren[39] war in England aufgrund anderer klimatischer und geologischer Bedingungen die öffentliche Meinung gegenüber schwindenden Wäldern vermutlich eine andere als in Frankreich, wo Erdrutsche entwaldeter Alpenhänge zeitweise die Schlagzeilen beherrschten.

Frankreich. Forest Transition wurde durch Baumplantagen nach Landprivatisierung erreicht, die im Klima einer medial geschürten Katastrophenstimmung erfolgte, wobei zum Schutz des privaten Waldeigentums Zehntausende Soldaten zum Einsatz kamen.

In Frankreich spielten bei der Wiederbewaldung sowohl quantitative Faktoren (fehlende Walddecke, Holzpreise, zunehmende Nutzung fossiler Brennstoffe) als auch qualitative Faktoren (öffentliches Bewusstsein, die Anwendung von Gesetzen usw.) eine Rolle (vgl. Mather u.a. 1999). Die Transition begann etwa 1830, nachdem 1827 ein neues Forstgesetz (*Code Forestier*) in einem gesellschaftlichen Klima verabschiedet wurde, das von der französischen Elite als Krise empfunden wurde. Real existierende, aber regional begrenzte ökologische Desaster – Überschwemmungen infolge der Abholzung eines Teils der Alpen, die Verkarstung von Ardéche und Cevennen – erlangten den Rang einer gefühlten nationalen Katastrophe und schufen die notwendige Stimmung zur Durchsetzung des neuen Forstgesetzes. Damit verbunden war eine Privatisierung der Wälder – Ergebnis der französischen Revolution. Das Bestreben der privaten WaldbesitzerInnen, die von ihnen angelegten Baumplantagen kommerziell zu verwerten, geriet zunehmend mit den traditionellen Nutzungsansprüchen der Landbevölkerung (Waldweide, Brennholz) in Konflikt. In der von den Eliten bestimmten öffentlichen Wahrnehmung, war die Landbevölkerung Schuld

---

39 In Frankreich wuchs die Bevölkerung im vergleichbaren Zeitraum (1801 bis 1901) nur um 40%, http://en.wikipedia.org/wiki/Demographics_of_France.

an der Zerstörung der Wälder, verbunden mit einer allgemeinen Sichtweise auf diese Schicht der Gesellschaft als >faul< und >ignorant<. Eine übertriebene Darstellung der von der Landbevölkerung verursachten Waldzerstörung war ein Charakteristikum der Berichte jener Zeit (vgl. Corvol, zit. bei Mather u.a. 1999). Das erinnert an den heutigen Diskurs bezüglich der Umweltzerstörung in den Ländern des Südens. Auch da gibt es nicht wenige Stimmen, die das fehlende Umweltbewusstsein und die mangelnde Aufklärung der armen Bevölkerung als treibende Kraft der dortigen Umweltzerstörung betrachten.

Die Beschuldigung der BergbewohnerInnen Frankreichs legitimierte ihre Vertreibung und Enteignung, verbunden mit der Anpflanzung neuer industrieller Wälder. Von 1848 bis 1850 waren in Frankreichs Wäldern zwischen 18.000 und 60.000 Soldaten im Einsatz, um dem Forstgesetz von 1827 und den privaten Besitzansprüchen Geltung zu verschaffen. Der ländliche Exodus und die Wiederbewaldung Frankreichs waren damit besiegelt, wenngleich sporadischer Widerstand noch bis 1872 zu verzeichnen war (vgl. Mather u.a. 1999). Auch andere Faktoren haben zu Frankreichs Wiederbewaldung beigetragen. So verschob sich im 19. Jahrhundert die anfangs von Holz dominierte Energiebilanz in Richtung Kohle. Kartoffeln mit ihrem höheren Flächenertrag im Vergleich zu Getreide wurden zum Grundnahrungsmittel der armen Bevölkerung. Eisenbahnen ermöglichten den Transport von Lebensmitteln in die urbanen Ballungszentren. Im Detail verschieden, aber im Prinzip ähnlich, waren dies die Prozesse, die auch in anderen europäischen Ländern zur Wiederbewaldung führten. Gesetze zur Wiederaufforstung wurden 1852 in Österreich und 1859 in Bayern verabschiedet. Und Berichte über >Forstverbrechen< und Holzdiebstähle beherrschten damals die Schlagzeilen in Deutschland (vgl. Mooser 1986).

USA. Eine Forest Transition hat nicht stattgefunden. Es gab nur eine regionale Verschiebung von Abholzung und Wiederbewaldung, die sich gegenseitig aufhoben.

In einem einflussreichen Artikel publizierte Clawson (1979) Daten über die amerikanische Wiederbewaldung, die nach einer längeren Periode der Entwaldung zwischen 1945 und 1977 stattgefunden haben soll. Dies wurde vielfach kolportiert und von späteren AutorInnen zum Teil sogar noch überhöht dargestellt. Damit wurde der Mythos von einem Land geschaffen, dessen anfängliche wirtschaftliche Entwicklung mit einer Entwaldung beginnt, wobei die spätere Entwicklung landwirtschaftliche Flächen wieder frei gibt, sodass die Wälder wieder Fuß fassen konnten. Was lokal und regional zutraf (New England und andere Bundesstaaten an der Ostküste) erwies sich bei nationaler Betrachtung und gründlicher Re-Analyse als falsch (vgl. Ramankutty u.a. 2010). Die Waldverluste hatten sich einfach nur nach Westen verlagert und parallel dazu fand eine Wiederbewaldung an der Ostküste statt, sodass sich am Ende im günstigsten Fall ein Nullsummenspiel ergab.

Zusammenfassend lässt sich sagen, dass die Land-Stadt-Migration in der Ära der industriellen Revolution weder eine friedliche Entwicklung darstellte, bei der die Bevölkerung die ländlichen Gebiete freiwillig verließ, um ein bequemeres Leben in den Städten zu suchen, noch war sie in jedem Fall mit einer Wiederbewaldung verbunden. Hinzu kommt, dass in der heutigen, globalisierten Welt eine Untersuchung der Waldentwicklung auf Länderebene schnell zu falschen Schlussfolgerungen führen kann, wenn die internationalen Warenströme außer Acht gelassen werden.

Gefälschte Bilanzen

Die Schonung der Waldbestände in China und Finnland wurde zum Teil durch Holzimporte aus Russland – im wahrsten Sinne des Wortes – erkauft (vgl. Mayer u.a. 2005, 2006). Finnland hat bekanntlich eine umfangreiche Eigenproduktion. Doch durch die Importe aus dem benachbarten Russland kann Finnland weiterhin Holzprodukte in großem Umfang exportieren (nur etwa sieben Prozent des in Finnland erzeugten Papiers werden im Inland verbraucht), ohne die eigenen Waldbestände über Gebühr zu beanspruchen (vgl. Ståhls u.a. 2010). In letzter Zeit häufen sich Berichte darüber, dass es wesentlich mehr Länder sind, die ihre eigene Waldbilanz zu Lasten Dritter aufbessern. Kastner u.a. (2011) kommen zu der Schlussfolgerung, dass in vielen reichen Ländern eine Wiederbewaldung auf der Basis eines Nettoimports von Holzprodukten erfolgt. Unter den 34 Ländern, die in ihrer Untersuchung in diese Kategorie fallen, zählen neben China und den USA auch Italien, Japan, die Niederlande und Spanien dazu. Julianne Mills Busa (2012) verrechnete den Holzhandel gegen den Binnenverbrauch von Holzprodukten von 176 Ländern über den Zeitraum von 1972 bis 2009. Mit ihren Ergebnissen widerlegt sie anhand konkreter Zahlen zwei Mythen, die in der neoliberalen Diskussion über Armut und Umwelt heute eine zentrale Rolle spielen, nämlich (1) dass es die ›Armut‹ ist, die die Umwelt zerstört und (2) dass ›grünes‹ Wachstum eine Lösung für die Umweltprobleme darstellt. Insbesondere der zweite Punkt spielt in der derzeitigen öffentlichen Diskussion bekanntermaßen eine große Rolle.

Die Verfolgung der Warenströme von Holz und Holzprodukten führt sie zu der Erkenntnis, dass reiche Länder, die den Verbrauch von Holz und Holzprodukten durch Import abdecken statt durch eigene Ressourcen, »die Illusion eines Naturschutzes im eigenen Land erzeugen, während sie weltweit zur Naturzerstörung beitragen« (Mills Busa 2012, S. 6). Unter Bezugnahme auf die in Politik und Wissenschaft verbreitete Ansicht, dass Öko-Effizienz und Öko-Technologie den Schlüssel für eine nachhaltiges Wachstum in den reichen Ländern und für ›Entwicklung‹ der armen Länder darstelle, berechnete sie einen speziellen Koeffizienten, der neben Holzverbrauch und Handelsströmen auch die Effizienz bei der Holzgewinnung und -verarbeitung in Rechnung stellte und kommt zu der Bilanz, dass reiche Länder auch nach Einführung effizienter Technologien weiterhin (wenngleich in geringerem Maße) zur Zerstörung der Wälder in den armen Länder beitragen. Bei den Prognosen einer 20-prozentigen Steigerung des globalen Holzverbrauchs bis 2030 (vgl. Meyfroidt / Lambin 2011) lässt sich absehen, dass mehr Öko-Effizienz zu keinen bzw. keinen nennenswerten Einsparungen beim Verbrauch von Holz und Holzprodukten führen werden. »Die Entkopplung von Produktion und Verbrauch erzeugt eine Trennung zwischen Problem und politischer Lösung. Das Waldmanagement innerhalb der Länder kollidiert mit den globalen Zielen zum Schutz der biologischen Vielfalt«, lautet die Schlussfolgerung von Mills Busa (S. 7).

Eine ehrliche Alternative

Es gibt Forest Transition jedoch auch auf andere Art als durch den Export der eigenen Umweltzerstörung. Dafür steht eine Reihe von Beispielen aus kleineren Ländern des Südens, jedes mit seiner eigenen Geschichte. Stellvertretend sei hier die Entwicklung in El Salvador skizziert, einem kleinen mittelamerikanischen Land mit einer Fläche von nur 21.000 km², dessen Wälder Ende der 1970er Jahre nahezu vollständig abgeholzt waren. Dort nahmen von 1990 bis 2000 die locker bewaldeten Flächen um mehr als 20 Prozent und die dicht bewaldeten Flächen um mehr als sechs Prozent zu[40]. Die Wiederbewaldung des Landes wurde einerseits von neoliberalen Reformen und andererseits von dem Bürgerkrieg beeinflusst, der dort seit 1980 tobte und 1992 schließlich mit einem Friedensabkommen beendet

---

40 30 Prozent Deckungsgrad gilt als locker, 60 Prozent als dicht bewaldet. (Definition von Hecht / Saatchi 2007)

wurde. Bereits während des Bürgerkrieges sorgte die *Nationale Befreiungsfront Farabundo Martí* (FMLN) in dem von ihr kontrollierten Territorium dafür, dass der Wald unangetastet blieb, vor allem, um Sichtschutz für ihre Operationen zu gewährleisten. Außerdem gebot die Präsenz der FMLN der ›Agrarfront‹ Einhalt, d.h. einer Expansion der agroindustriellen Produktion. Der Bürgerkrieg hatte aber auch zur Folge, dass ein Sechstel der salvadorianischen Bevölkerung ins Ausland flüchtete, insbesondere in die USA, verbunden mit regelmäßigen Geldsendungen an ihre zurückgebliebenen Verwandten. Dies, in Kombination mit dem Verfall der Weltmarktpreise für landwirtschaftliche Produkte, hatte einen entsprechenden Effekt auf die Veränderung der salvadorianischen Landschaft. Ein Preisindex für landwirtschaftliche Produkte, der im Jahr 2000 nur noch ein Viertel der Indizes der 1970er Jahre betrug, macht deutlich dass der ökonomische Anreiz zur landwirtschaftlichen Produktion verloren ging. In diesem Punkt trifft also der von Meyfroidt und Lambin (2011) beschriebene Mechanismus der Forest Transition zu. Ein weiterer Faktor in El Salvador war jedoch die, wenn auch unvollkommene, Landreform der 1980er Jahre. Obwohl in Ergänzung zur militärischen ›Befriedung‹ des Landes als Teil der Aufstandsbekämpfungsstrategie gedacht, war sie, gemessen an den Verhältnissen in anderen lateinamerikanischen Staaten, umfangreicher und hatte zudem einen gewissen umverteilenden Charakter. Sie betraf ein Fünftel der Landesfläche und brachte Besitztitel für ein Viertel der Bevölkerung, wobei die Reform sowohl individuellen als auch kollektiven Besitz gestattete. Vor dieser Landreform waren Abholzung bzw. ›Urbarmachung‹ von Land die Methode der Wahl, um Besitzansprüche geltend zu machen. Neben der Schaffung einer relativen Rechtssicherheit war die Reform auch mit institutionellen und kollektiven Veränderungen in der territorialen Organisation verbunden, einschließlich der Prävention von Waldbränden, der gemeinsamen Verwaltung von Wäldern und einer Kontrolle der Jagd. Auf technischer Ebene wurden viele der von der Landreform betroffenen Gemeinden durch nationale und internationale NGOs beraten, die die Einführung agrarökologischer Modelle förderten (vgl. Hecht / Saatchi 2007).

Auf der Grundlage einer integrierten, inputarmen Mischproduktion, die den Anbau von Kaffee und Früchten, Kunsthandwerk, Pflanzenmedizin und die gezielte anstelle einer willkürlichen Gewinnung von Feuerholz umfasste, nahm die Walddecke sogar auf Flächen mit über 250 Einwohnern/km² zu (vgl. ebd.), sodass die biologische Vielfalt selbst in diesen dicht besiedelten Regionen gefördert wurde, Regionen in denen inzwischen über 100 verschiedene Pflanzenarten pro Hektar wachsen (vgl. Mendez u.a. 2007). Diese Entwicklung steht nach Ansicht von Hecht und Saatchi (2007, S.669) in deutlichem Kontrast zur »statischen Situation« der salvadorianischen Schutzgebiete, die auf etwa 20.000 Hektar mit einer »ganzen Garnitur von Strategien, wissenschaftlicher Unterstützung und Förderkanälen« ausgerüstet sind, während die »dynamischen Waldregionen«, die nicht unter Schutz stehen, einen ebenso wertvollen Beitrag zum Erhalt von Natur und Umwelt leisten und zudem noch die soziale Entwicklung fördern. Eine ihrer Schlussfolgerungen ist, dass Schutzgebiete und ökologisch wertvolle Kulturlandschaft einander ergänzen. Das entspricht dem weiter hinten diskutierten Konzept des Land Sharing.

Das Beispiel der Wiederbewaldung von El Salvador steht in scharfem Widerspruch zu den »aggressiven globalen Wiederaufforstungsprogramm (en)«, bei dem Projektmanager »schnell wachsende, kurzlebige Arten mit geringer Holzdichte« (Chazdon 2008, S. 1459) bevorzugen, die darauf ausgelegt sind, Gewinne im CO_2-Handel zu erzielen. Plantagen mit nur wenigen Baumarten haben zudem eine hohe Ausfallsrate, insbesondere wenn sie an den konkreten Standort ungenügend angepasst sind. So waren z.B. nur zwei von 98 untersuchten Plantagenprojekten in Brasilien erfolgreich (vgl. Wuethrich 2007), und die konventionellen Wiederaufforstungsprojekte in der Republik Niger waren lange Zeit erfolglos, bis man sich schließlich besann, dem traditionellen Wissen der dort lebenden BäuerInnen Beachtung zu schenken (vgl. Tougiani u.a. 2009). Nach Ansicht von Chazdon (2008) erfordert die tatsächliche Wiederherstellung von Wäldern, egal ob auf nationaler, regionaler oder lokaler Ebene, viele Jahrzehnte an finanzieller Unterstützung, politischem Willen, Arbeit und persönlichem Engagement. »Letzten Endes ist die Zukunft eines natürlichen Ökosystems nicht von seinem Schutz *vor* dem Menschen abhängig, sondern von seiner Beziehung *zu* den Menschen, die es bewohnen oder die Landschaft mit ihm teilen«, zitiert er William R. Jordan, den Mitbegründer einer restaurativen Waldökologie (Chazdon 2008, S. 1460).

Sowohl in El Salvador als auch in anderen Ländern (Costa Rica, Puerto Rico) spielten der Preisverfall für landwirtschaftliche Produkte und die Geldsendungen von MigrantInnen bzw. Flüchtlingen (die dann größtenteils in Städten lebten) an ihre Familien eine wichtige Rolle (vgl. Hecht 2010). Somit war dieser Aspekt an der von Meyfroidt und Lambin (2011) skizzierten Forest-Transition-Theorie an der Entwicklung beteiligt. Doch sowohl die historischen als auch die aktuellen Fallbeispiele machen deutlich, dass es sich zumeist weder um eine freiwillige noch um eine partizipatorische Entwicklung handelte, sondern dass Wiederbewaldung häufig mit Flucht, Vertreibung und zerstörten Lebensgrundlagen verbunden war und oftmals mit einer von zahlreichen Gefahren begleiteten Migration.

Urbanisierung

Wie gezeigt, bildet die Vorstellung von der Abwanderung der ländlichen Bevölkerung in die Städte einen Grundpfeiler der Forest Transition Theorie. In der Tat ist eine zunehmende Urbanisierung der Weltbevölkerung unbestritten und der Trend wird sich fortsetzen. Seit 2008 leben mehr Menschen in Städten als auf dem Land, wobei regional betrachtet diese 50-Prozent-Marke in Asien erst 2020 und in Afrika erst 2035 überschritten werden wird (vgl. UNO 2011). Allerdings gibt es in Bezug auf Afrika berechtigte Zweifel an der Korrektheit dieser Zahl (siehe unten).

Bei Vorträgen über die Perspektiven einer kleinbäuerlichen Landwirtschaft in den Ländern des Südens begegnet man regelmäßig dem Argument, dass die ländliche Jugend ohnehin in die Städte abwandern würde, den urbanen Verlockungen folgend, um dem schweren Landleben zu entfliehen. Plädoyers für eine agrarökologische Landwirtschaft in afrikanischen und lateinamerikanischen Ländern würden auf eurozentrischer Romantik beruhen. Auch Paul Collier, britischer Ökonomieprofessor und einflussreicher Berater diverser internationaler Gremien, kombiniert seine Befürwortung einer hochmechanisierten, Input-intensiven Großflächenwirtschaft mit dem Argument, der Ruf nach einer bäuerlichen biologischen Landwirtschaft entstamme der Luxusphantasie eines Teils der städtischen Mittelschicht. Sicher ist eines der Motive für die Abwanderung der ländlichen Jugend auch die Aussicht, patriarchalen Verkrustungen auf dem Lande zu entkommen und die Hoffnung, in der Stadt ein besseres Leben führen zu können. Doch ist das tatsächlich die dominierende Triebkraft? Wie groß muss die Sehnsucht nach einem ›bequemen‹ Leben in einer Stadt nördlich des Mittelmeers bzw. des Rio Grande sein, wenn Menschen die gefährliche Reise in den Norden antreten, obwohl bei dieser alljährlich Tausende den Tod finden? Forschungen aus dem frankofonen Westafrika zeigen, dass MigrantInnen, die den ländlichen Raum verlassen, sich direkten Weges nach Europa begeben (vgl. Potts 2012). Ist das nicht eher ein Indiz für die Perspektivlosigkeit auf dem Lande *und* in den afrikanischen Städten als ein Beleg für die Unattraktivität des Landlebens an sich? Warum sind Vertreibungen und Zwangsumsiedlungen in vielen Ländern des Südens Teil der politischen Agenda, wo doch die Massen eigentlich frohen Herzens in die Städte strömen müssten? »Wir sind hier, weil ihr unsere Länder zerstört«, lautet seit Jahren der Slogan der Flüchtlingsorganisation *The Voice*.[41] Das bringt zum Ausdruck, dass Urbanisierung und Migration zum überwiegenden Teil keine freien Entscheidungen sind.

Die ApologetInnen von Forest Transition und Land Sparing selbst kommen zu der Erkenntnis, dass der Preisverfall für landwirtschaftliche Produkte (sowie politische Instabilität bis hin zum Bürgerkrieg) eine wesentliche Ursache für Migration und Urbanisierung sind. Im besten Fall wird dann noch eingeräumt, dass der Preisverfall ein Resultat neoliberaler Politik ist. Was fast immer fehlt, ist eine Betrachtung, wie ein solcher Preisverfall zustande kommt. Die externalisierten Kosten einer industriellen Großflächenwirtschaft, einschließlich ihrer sozialen Folgen und das Dumping europäischer bzw. nordamerikanischer Produktionsüberschüsse, ja selbst die Entsorgung von Schlachtabfällen, auf afrikanische Märkte sind fester Bestandteil dieser Politik. So wurden im Laufe der Jahre lokale und regionale wirtschaftliche Kreisläufe konsequent zerstört.

Zugunsten einer Wiederbewaldung wird vorgeschlagen, in ländlichen Gegenden lebende Menschen lieber auf eine Migration in die Stadt vorzubereiten als Projekte nachhaltiger ländlicher Entwicklung zu verfolgen, da diese als schädlich für die Ökosysteme zu betrachten seien, weil damit die Abwanderung in die Städte verzögert wird (vgl. Aide / Grau 2004). Effektiver als die Implementierung ländlicher Entwicklungsprogramme sei es, auf den verlassenen Ländereien die Genesung der Ökosysteme zu fördern. »Wenn die landwirtschaftliche Produktion auf den produktivsten Böden stattfindet, können andere Bereiche, ..., als Wasserreservoire und Lebensräume für Naturschutz und Erholung genutzt werden. Es wird schwierig sein, diesen Balanceakt zu vollbringen, aber es wird viel leichter sein, wenn wir weiterhin die Produktivität der Landwirtschaft verbessern und die Urbanisierung der Bevölkerung unterstützen, wodurch soziale Probleme (Gesundheitsfürsorge, Bildung und Arbeitsmöglichkeiten) effizienter gelöst werden können« (Aide / Grau 2004, S. 1916). Was für ein zynischer Widerspruch! Während die einen für die Abschaffung von Projekten nachhaltiger ländlicher Entwicklung und für die Beschleunigung der Land-Stadt-

---

41 http://thevoiceforum.org

Migration plädieren, verwandeln die anderen die Südgrenzen von Europa und Nordamerika in Festungsmauern.

Laut UNO-Prognosen wird – rein rechnerisch – der gesamte bis 2050 entstehende Bevölkerungszuwachs in Städten leben, und es wird geschätzt, dass zusätzlich 300 Millionen Menschen aus ländlichen Gegenden in die Städte abwandern werden. Das heißt den Prognosen zufolge werden im Jahr 2050 von den dann lebenden 9,3 Milliarden Menschen 68 Prozent in Städten ansässig sein. Doch solche Prognosen sind nachweislich mit Fehlern behaftet.[42] Außerdem beurteilen sie Trends von gesellschaftlichen Entwicklungen und keine durch Naturgesetzmäßigkeiten determinierten Prozesse. Mit anderen Worten, sie basieren u.a. auf der Annahme der fortgesetzten Gültigkeit des herrschenden neoliberalen Modells. Wie sähe die Welt nach einer unerwarteten Verschiebung der Preise für landwirtschaftliche Produkte aus? Welche Folgen wird der in seiner konkreten Ausformung schwer vorhersagbare Klimawandel für die Lebensumstände in Stadt und Land in den verschiedenen Regionen der Welt haben? Welche Auswirkungen hätte eine umfassende Förderung agrarökologischer Anbauverfahren auf das Leben im ländlichen Raum? Diese Fragen kann momentan niemand beantworten, und sie werden hier nur gestellt, um daran zu erinnern, dass es in der Geschichte der Menschheit immer wieder zu Brüchen gekommen ist, die niemand vorausgesehen hat und die vielerlei unerwartete Konsequenzen mit sich brachten. Solche Brüche wird es auch nach dem vermeintlichen Ende der Geschichte (vgl. Fukuyama 1992) geben. Sie werden mit der Zuspitzung der globalen Vierfachkrise – der Krise von Energie, Klima, Ernährung und Finanzen (vgl. Altvater 2008) – im Laufe der Zeit immer wahrscheinlicher.

Diese Zweifel an der Unabwendbarkeit einer fortgesetzten Urbanisierung in den nächsten 30 bis 40 Jahren werden durch bereits jetzt stattfindende gegenläufige Tendenzen in einigen afrikanischen Ländern genährt. Eine Durchsicht der Datenbank von *UN-Habitat* zeigte folgende Reduzierung des prozentualen Urbanisierungsgrades (Tabelle 4).

Auch in acht weiteren Ländern wurde für diesen Zeitraum eine Abnahme der Urbanisierung festgestellt. Die Vermutung liegt nahe, dass diese Entwicklung mit der Preisexplosion für Lebensmittel im Jahr 2008 zu tun

---

42 Potts (2012) verweist auf eine in Afrika viel langsamer verlaufende Urbanisierung und belegt, dass UNO- und Weltbankdokumente vorhandene Daten ignorieren und fehlerhafte Prognosen über längere Zeit von Bericht zu Bericht fortschreiben, bevor sie dann schließlich doch korrigiert werden.

Tabelle 4
Entwicklung des Urbanisierungsgrades in ausgewählten afrikanischen
Ländern; Daten von Potts (2012)

Land	2001	2010
Kenia	34%	22%
Mauretanien	59%	41%
Senegal	48%	43%
Tansania	33%	26%

hat, wobei die Preise seither innerhalb gewisser Schwankungen auf hohem Niveau verharren. Auch in Kuba ist eine Bewegung >Zurück auf's Land< zu verzeichnen, dort allerdings wegen einer gezielten staatlichen Förderung agrarökologischer Anbaumethoden und der damit verbundenen sehr guten Einkommensmöglichkeiten.

Doch bestimmte Länder sind von diesem Trend offenbar nicht betroffen, vielleicht aufgrund einer staatlichen Politik, die Urbanisierung forciert. Im Folgenden soll anhand von zwei konkreten Beispielen – dem mexikanischen Bundesstaates Chiapas und der äthiopischen Region Gambella – gezeigt werden, dass Urbanisierung nicht nur ein mittelbar gewaltsamer Prozess ist (zum Beispiel infolge des Preisverfalls für landwirtschaftliche Produkte), sondern auch eine geplante, durch internationale Institutionen geforderte und geförderte, unmittelbar gewaltsame Entwicklung darstellt, die von staatlichen Institutionen mit einer Kombination aus Repression und Versprechungen betrieben wird.

In Chiapas erfolgt unter der Bezeichnung >Nachhaltige Ländliche Städte< (*Ciudades Rurales Sustentables*, Land-Städte) eine territoriale Neuordnung. Insgesamt ist der Bau von 25 solcher Land-Städte vorgesehen. Zwei wurden bislang bezogen, vier weitere befinden sich im Bau. Das Programm wurde 2007 vom damaligen Gouverneur Juan Sabines (2006-2012) gestartet. Seine Wurzeln reichen allerdings bis zum *Plan Puebla Panama* zurück, dem vorzeitig beendeten neoliberalen Infrastrukturprogramm für Südmexiko und Mittelamerika, dass der mexikanische Präsident Vicente Fox (2000-2006) aus der Taufe gehoben hatte. Der Plan Puebla Panama scheiterte am Widerstand der lokalen Bevölkerungen, sowohl Mexikos als auch der anderen mittelamerikanischen Länder. Im Jahr 2008 wurde er deshalb offiziell für beendet erklärt, nur um im gleichen Jahr als *Proyecto Mesoamérica* (Projekt Mittelamerika) im neuen Gewand wieder aufzuerstehen, allerdings in deutlich abgespeckter Form (20 anstatt der ursprünglich 100 Großprojekte).

Eingebettet in das Proyecto Mesoamérica verfolgte Sabines seine eigene neoliberale Agenda, um Chiapas zu >modernisieren<. Herzstück seines Vorhabens waren die Land-Städte. Vor dem Hintergrund des in diesem Bundesstaat nach wie vor herrschenden Konflikts zwischen der Regierung und den zapatistischen Rebellen, wurde er nicht müde, den angeblich ideologiefreien Charakter der von ihm veranlassten Maßnahmen zu betonen. Wilson (2013) sieht unter Bezugnahme auf den französischen Philisophen Jacques Ranciére in der Hervorhebung dieser >Ideologiefreiheit< von Entscheidungen und Maßnahmen die neoliberale Liquidierung des Politischen. Durch den Verweis auf Sachzwänge bzw. einen vermeintlichen Konsens wird gesellschaftlicher Dissens diskursiv »aus der Sphäre eines legitimen politischen Engagements verbannt«. Die Land-Städte sowie andere Infrastrukturprojekte und ökonomische Korridore haben »die Funktion, den kapitalistischen Charakter der sozialen Beziehungen zu vertiefen, die Staatsmacht auszudehnen und gleichzeitig zu entpolitisieren, indem solche Projekte als unpolitische Reaktionen auf Sachzwänge im Interesse aller gesellschaftlichen Sektoren angeboten werden« (Wilson 2013, S. 224). Der Sachzwang im vorliegenden Fall ist die Verantwortung des Staates (Gesundheitsfürsorge, Bildung etc.), der er bei den verstreut liegenden 14.346 Dörfern mit weniger als 100 Einwohnern angeblich nicht gerecht werden könne. Dieser Sachzwang dient als Rechtfertigung für die geplante Konzentrierung und Semiproletarisierung der ländlichen Bevölkerung von Chiapas – eine verblüffende Parallele zu der von Aide und Grau (2004) vorgebrachten Begründung, warum zur Rettung der lateinamerikanischen Ökosysteme ganze Landstriche entvölkert werden sollten, weil nämlich so für Gesundheitsbetreuung und Bildung effizienter gesorgt werden könne.

Mit Versprechungen und Druck werden Teile der chiapanekischen Bevölkerung dazu veranlasst, ihre Ländereien zu verlassen und in die Land-Städte überzusiedeln. Durch die räumliche Trennung zwischen dem neuen Wohnort und ihrem kollektiven Landeigentum, soll noch ein weiteres Problem gelöst werden: die Vollendung der im Rahmen der neoliberalen Reformen der 1990er Jahre in Mexiko versuchten Privatisierung des Landeigentums der *Ejidos* und El Triunfo[43], die auf halbem Weg stecken geblieben war (vgl. Clausing 2013). Mithilfe der Land-Städte erfolgt nun nachträglich eine De-facto-Enteignung der legitimen Nutzer, unter Verletzung des Rechts auf freie Selbstbestimmung (vgl. SIPAZ 2012).

Die von der chiapanekischen Regierung angestrebte Produktionsumstellung von Nahrungsmitteln (Mais, Bohnen) auf Agrotreibstoffe (Palmöl), ermögliche es den BäuerInnen, die Arbeit auf ihren Feldern in ein bis zwei Tagen pro Woche zu erledigen. Den Rest der Woche hätten sie Zeit, im städtischen Umfeld ihren Lebensunterhalt zu verdienen – so die am neoliberalen Reißbrett entworfene Lebensplanung. Neben dem Problem, dass es in den Land-Städten die versprochene Arbeit gar nicht gibt (vgl. SIPAZ 2012), gewann Olivier de Schutter, Sonderberichterstatter der Vereinten Nationen für das Recht auf Nahrung, bei einem Besuch dieser Land-Städte den Eindruck, dass sich die Ernährungslage der BewohnerInnen im Vergleich zur früheren Situation keineswegs verbessert habe. Mit der Produktionsumstellung wird ein weiterer sozialer Konfliktbereich geschaffen: die Umstellung auf Vertragslandwirtschaft, mit der die Produktion von Palmöl durch bäuerliche Betriebe allgemein einher geht.

Die erste Land-Stadt, Nuevo Juan de Grijalva, wurde außerhalb der zapatistischen Konfliktzone im Nordwesten von Chiapas errichtet. Sie wurde den Opfern einer Flutkatastrophe zugewiesen, denen ›aus Sicherheitsgründen‹ (ein weiterer Sachzwang) verboten wurde, auf ihre Ländereien zurückzukehren (vgl. Kerkeling 2009). Im Gegensatz dazu befindet sich die zweite Land-Stadt, Santiago el Pinar, mitten in zapatistischem Gebiet und erfüllt somit außerdem noch eine Funktion bei der Aufstandsbekämpfung. Die nächsten Umsiedlungen stehen für BewohnerInnen von Regionen an, wo der Anbau von Ölpalmen ausgedehnt werden soll. Dafür werden die Land-Städte Copainalá und Soconusco geschaffen. Und schließlich werden Gemeinden, die im oder in der Nähe des Biosphärenreservats *El Triunfo* leben, gezwungen, in die Land-Stadt Jaltenango umzusiedeln, weil die Regierung von Chiapas mit diesem Naturschutzreservat in den CO_2-Handel eingestiegen ist (vgl. SIPAZ 2012).

---

43 Im Zuge der 75-jährigen Geschichte der mexikanischen Bodenreform war das Gemeindeland (Ejidos) auf 103 Millionen Hektar (56 Prozent der landwirtschaftlichen Nutzfläche Mexikos) angewachsen. Es besteht aus zwei Teilen – einem kommunal bewirtschafteten und einem in Einzelparzellen aufgeteilten. Darüber hinaus gibt es in Mexiko eine zweite, flächenmäßig weniger umfangreiche Form gemeinschaftlichen Bodeneigentums – die Comunidades, indigene Gemeinden, denen das während der Zeit des Diktators Porfirio Diaz (1884 bis 1911) entzogene Besitzrecht später wieder zurückgegeben wurde.

Die Bedeutung, die diesem Urbanisierungsprogramm von offizieller Seite beigemessen wird, lässt sich daran ermessen, dass zur Eröffnung der zwei bislang bezogenen Land-Städte beide Male der mexikanische Präsident eingeflogen wurde, und im Fall der ersten – Nuevo Juan de Grijalva – außerdem die Botschafter von 65 Ländern.

Auch in Äthiopien liefern eine angebliche Verbesserung der sozialökonomischen Infrastruktur bzw. der Zugang zu Wasser und Lebensmitteln den Vorwand für gewaltsame, von der Regierung betriebene Umsiedlungen, die in diesem Land eine lange Tradition haben. In der heutigen Zeit werden sie von der internationalen Entwicklungszusammenarbeit mit finanziert. Streng genommen stellen die in Äthiopien laufenden Umsiedlungsprogramme keine Urbanisierung, sondern eine ›Verdörflichung‹ dar, mit der die Kultur und Lebensweise von WanderhirtInnen und verstreut lebenden SubsistenzbäuerInnen zerstört wird. Der Effekt ist jedoch der gleiche wie im mexikanischen Chiapas und in anderen Ländern: Es geht darum, Landstriche durch staatliche Maßnahmen zu entvölkern und verstreut lebende Menschen an einer Stelle zu konzentrieren. Die Vorgänge in Gambella, in der rund 46.000 Familien im ländlichen Bereich leben (bzw. lebten) wurden von *Human Rights Watch* untersucht und öffentlich gemacht (vgl. HRW 2012). Das Umsiedlungsprogramm ist Teil eines Gesamtprogramms für vier äthiopische Regionen, durch das insgesamt 1,5 Millionen Menschen umgesiedelt werden sollen. Die Umsiedlungen stehen zwar primär im Zusammenhang mit dem Phänomen des agrarischen Land Grabbing, doch sie sind Teil einer territorialen Neuordnung, die in vielen Ländern des Südens zu beobachten ist und der Zonierung ganzer Regionen in Flächen für die Produktion von Nahrungsmitteln, Agrotreibstoffen und Holz bzw. den Schutz der Biodiversität dient, so, wie es Almuth Ernsting bereits vor sechs Jahren prognostiziert hatte (vgl. Ernsting 2007).

Das 2011 gestartete Umsiedlungsprogramm in Gambella sieht vor, *sämtliche* dort im ländlichen Bereich lebenden Familien in Ansiedlungen von jeweils 500-600 Haushalten zu konzentrieren, wobei jedem Haushalt drei bis vier Hektar Land zur Verfügung gestellt werden sollen. Die Umsiedlung bedeutet für die Betroffenen einen kompletten Bruch mit ihren Lebensumständen und zum Teil mit ihrer Kultur (die Hälfte der Umgesiedelten sind WanderhirtInnen). Entgegen den Erklärungen der Regierung, dass die Umsiedlung auf freiwilliger Basis erfolge, lieferten die Recherchen von Human Rights Watch zahlreiche Beweise dafür, dass es sich um Zwangsumsiedlungen handelt. Weigerungen, ja selbst kritische Nachfragen wurden von der

Armee, die den Umsiedlungsprozess überwacht, mit Einschüchterungen, physischer und sexueller Gewalt sowie Verhaftungen beantwortet. Für viele der neuen, zwei bis zwölf Stunden Fußmarsch vom Ursprungsort entfernten Siedlungen waren die versprochenen Schulen und Gesundheitsstationen nicht einmal geplant, geschweige denn gebaut. Ebenso fehlten häufig die in Aussicht gestellten landwirtschaftlichen Geräte, Moskitonetze usw. Die Umgesiedelten wurden von der Armee gezwungen ihre *Tukuls* (traditionelle Behausungen) selbst zu bauen, Hunderte von ihnen begaben sich in Flüchtlingslager nach Kenia.

Internationale Geldgeber, unter ihnen die Weltbank, UNICEF und das britische Entwicklungshilfeministerium DFID, unterstützen das Umsiedlungsprogramm, indem sie Geld für die Schaffung der Infrastruktur in den neu gebauten Siedlungen zur Verfügung stellen. Was die Menschenrechtsverletzungen anbetrifft, ziehen sie es vor wegzuschauen. Sowohl die Weltbank als auch die anderen Geldgeber haben interne Richtlinien darüber, welche Voraussetzungen und Bedingungen im Fall von unfreiwilligen Umsiedlungen eingehalten werden müssen. Doch da die äthiopische Regierung die Umsiedlungen als ›freiwillig‹ deklariert hat, brauchen die internationalen Institutionen ihre Richtlinien nicht zur Anwendung zu bringen. Die Tatsache, dass die Umgesiedelten ihre Tukuls selbst bauen, wertet die Weltbank zynischerweise als Beleg für die Freiwilligkeit des Umsiedlungsprozesses. Dass der Bau der Tukuls unter massivem Zwang erfolgt, scheint niemanden zu interessieren (vgl. HRW 2012).

Anhand von Zeugenaussagen und Beobachtungen vor Ort kam Human Rights Watch zu der Schlussfolgerung, dass das wahre Motiv für die Umsiedlungen in Gambella und drei weiteren äthiopischen Regionen (Benishangul-Gumuz, Afar und Somali) darin besteht, Platz für Investoren zu schaffen. In Gambella tritt das indische Unternehmen *Karuturi Global Ltd.* besonders prominent in Erscheinung, das bereits 100.000 Hektar gepachtet und sich Optionen auf weitere 200.000 Hektar gesichert hat.

Greenwash statt Nachhaltigkeit

Greenwash – die Schaffung eines grünen Images für Unternehmen – ist in dem Maße, in dem der Neoliberalismus bis in die letzten Winkel unseres Planeten vordringt, immer stärker zum Handlungsfeld der großen Naturschutzorganisationen geworden. Immer umfangreicher werden die Firmenspenden für Conservation International (CI), The Nature Conservancy (TNC), den *World Wide Fund for Nature* (WWF) und andere Organisationen dafür, dass die Firmen dann ihre Verpackungen mit einem Naturschutzlogo schmücken können. Zugleich sind diese transnationalen Naturschutzunternehmen darauf angewiesen, ihren Ruf als Naturschützer zu wahren, und das aus zwei Gründen. Erstens wird nach wie vor ein Teil ihres Budgets aus den Spendengeldern bzw. Mitgliedsbeiträgen gutgläubiger BürgerInnen bestritten. Zweitens ist das ›Naturschutz-Antlitz‹ dieser Organisationen ja letztendlich die Grundlage für ihre Attraktivität als ›grüne Waschmaschinen‹. Ihre Kohabitation mit multinationalen Konzernen der schlimmsten Sorte wird gebetsmühlenartig damit begründet, dass man miteinander im Gespräch bleiben müsse, um etwas zu verändern.

Es ist das Verdienst von Wilfried Huismann, mit seiner am 22. Juni 2011 ausgestrahlten 45-minütigen Dokumentation *Der Pakt mit dem Panda* in Deutschland einer breiten Öffentlichkeit das wahre Gesicht des WWF gezeigt zu haben. Auch wenn die ARD-Sendung erst kurz vor Mitternacht lief, zeigte sie eine ungewöhnlich tiefe Wirkung. Das war nicht nur an der heftigen, wenngleich – nach Einschätzung von Medienexperten – verspäteten und dilettantischen Reaktion des WWF abzulesen (vgl. WWF 2011), sondern auch am allgemeinen Medienecho. So berichteten u.a. *Der Spiegel*, die *Frankfurter Rundschau*, die *taz* und die *Süddeutsche Zeitung* über die Sendung. Die Wirkung des Films ist sicher auch der Tatsache zu verdanken, dass er nach seiner Fernsehausstrahlung eine gewisse Zeit in voller Länge über das Internet zugänglich war.[44] Nach Ansicht von ExpertInnen war der Umgang des WWF mit der Sendung ein Public-Relations-Desaster (vgl. Friedrichs 2011). »Werden dem WWF durch die Dokumentation also auf breiter Front diese Spender abhanden kommen?«, fragte Christoph Seidler im Spiegel und gab selbst die Antwort: »Vermutlich nicht, denn Geldgeber für die vermeintlich gute Sache sind tendenziell treu.« Er bezog sich dabei

---

44 http://www.youtube.com/watch?v=wX31mT8j-Gk lautet der inzwischen nicht mehr funktionierende Link.

auf eine Einschätzung von Burkhard Wilke vom *Deutschen Zentralinstitut für soziale Fragen* (DZI). Dieser meinte, es müsse insgesamt sehr viel zusammenkommen, damit eine Organisation in eine Glaubwürdigkeitskrise gerät (vgl. Seidler 2011). Das DZI zertifiziert die Spendenwürdigkeit von Organisationen – ein Zertifikat, das der WWF nicht besitzt und um das er sich vermutlich erst gar nicht bemüht hat.

Beim WWF ist einiges zusammengekommen, was seine Glaubwürdigkeit infrage stellt, wie Husimanns *Schwarzbuch WWF* zu entnehmen ist, dessen Erscheinen der WWF 2012 vergeblich zu verhindern suchte. Bereits im Jahr 2002 kritisierte J. St. Clair unter dem Titel *Panda-Pornographie, die Hochzeit von WWF und Weyerhaeuser* die Liaison des WWF mit der Industrie. Anlass für den Beitrag war das Überwechseln von Linda Coady, damals Vizepräsidentin des für seine notorische Umweltzerstörung bekannten Holzkonzerns Weyerhaeuser, in die Position der Vizepräsidentin von *WWF-Kanada* (vgl. St. Clair 2002). Auch die treuhänderische Verwaltung des J. Paul Getty ›Umwelt‹preises durch den WWF fällt in die Kategorie der ungenierten Nähe zu Konzernen mit rücksichtsloser Umweltbilanz. Getty, Gründer und Eigentümer der *Getty Oil Company*, war einer der reichsten Ölmagnaten der 1960er Jahre.

Palmöl und der RSPO

Im Jahr 2004 wurde unter maßgeblicher Beteiligung des WWF der *Runde Tisch für nachhaltiges Palmöl* (RSPO) gegründet – ein Klub von mittlerweile 1.200 kommerziellen Mitgliedern, denen 33 NGOs gegenübersitzen, darunter viermal der WWF – *WWF Indonesia, WWF International, WWF Malaysia* und *WWF Switzerland*. Conservation International – eine weitere der drei großen transnationalen Naturschutzorganisationen – ist ebenfalls mit dabei. Der RSPO zertifiziert ›nachhaltiges Palmöl‹ und bietet damit den beteiligten Firmen ein ›grünes‹ Image, wobei die Nachhaltigkeit der Geschäfte dieser Unternehmen aus gutem Grund bezweifelt werden kann. Dafür gibt es sowohl prinzipielle Gründe als auch solche, die sich aus den Details des Zertifizierungsprozesses ergeben. Die prinzipiellen Gründe wurden anlässlich des Welternährungstages am 16. Oktober 2008 in einer von 257 Organisationen aus 50 Ländern unterzeichneten Erklärung erläutert, in der sie den RSPO mit der Begründung ablehnten, dass dieser nicht zur Nachhaltigkeit beitrage. In Deutschland unterzeichneten 22 Organisationen, unter anderem *FIAN*, der Kolumbien-Koordination

Kolko, Pax Christi, Robin Wood, Terre des hommes und *WEED* die gemeinsame Erklärung. Eines der wichtigsten Argumente war, dass großflächige Monokulturen *per se* nicht nachhaltig sein können.

Die Frage, warum es überhaupt zu der gerade stattfindenden rasanten Ausdehnung von Palmölplantagen kommt, steht bei den Vermarktern ›nachhaltigen‹ Palmöls nicht zur Debatte. Der globale Verbrauch an pflanzlichen Ölen hat sich in den letzten 30 Jahren verdreifacht, der von Palmöl verzehnfacht (vgl. Teoh 2010, S.7). Die Zunahme der Palmölimporte in Indien und China sind dabei eine wichtige Größe, aber auch in der EU stiegen die Importe in den letzten sieben Jahren um 60 Prozent. Bei der Diskussion um den gestiegenen Verbrauch pflanzlicher Öle steht oftmals die Beimischung zu Dieseltreibstoffen im Vordergrund. In der EU ist seit 2010 ein Anteil von (mindestens) 5,75 Prozent vorgeschrieben. Ab 2020 sollen es zehn Prozent sein. Auch in Indien und China gibt es eine Beimischung von Agrodiesel zu fossilen Treibstoffen. Sie beträgt in Indien derzeit etwa fünf Prozent, und in China soll der Anteil erneuerbarer Energie am Treibstoffverbrauch bis 2020 auf 15 Prozent ansteigen (vgl. Al-Riffai u.a. 2010, S. 114), was dort Elektroautos mit einschließt. Bereits 2009 wurden über 13 Prozent der global produzierten 133 Millionen Tonnen pflanzlichen Öls als Treibstoff verwendet (vgl. Hütz-Adams 2011).

Über alle Verwendungsbereiche hinweg lag der durchschnittliche Pro-Kopf Verbrauch an pflanzlichen Ölen im Jahr 2010 in der EU bei 11 kg, in Indien bei 6,3 kg und in China bei 4,5 kg. Auch wenn Palmöl bislang nur relativ wenig an der Kraftstoffbeimischung beteiligt ist, dürfte sich aus der ›Umwidmung‹ anderer Öle (Raps, Soja usw.) zu Treibstoffen eine Lücke im Nahrungsmittelbereich ergeben, die von Palmöl geschlossen wird. Diesen Aspekt blendet das Weltbankdokument (vgl. Teoh 2011) aus, wenn dort für 2020 die Prognose eines zusätzlichen Bedarfs an pflanzlichen Ölen von knapp 28 Millionen Tonnen gemacht wird. Der Einsatz von Palmöl für Energiezwecke insgesamt und perspektivisch auch für Treibstoffe wird jedoch steigen: In Indonesien, das knapp die Hälfte allen Palmöls produziert, plant die Regierung eine nochmalige Verdopplung der Produktion innerhalb der nächsten zehn Jahre auf 40 Millionen Tonnen, von denen die Hälfte für Energiezwecke verwendet werden soll (vgl. Teoh 2010, S. 10). Die grundsätzliche Frage ist also, ob angesichts des prognostizierten Mehrverbrauchs der Einsatz pflanzlicher Öle als Treibstoff überhaupt akzeptabel ist – egal ob er aus Ölpalmen oder Raps gewonnen wird. Die Antwort lautet nein. Die Begründung dafür wurde in zahlreichen Dokumenten zum Thema ›Tank oder Teller‹ gegeben.

Der WWF hingegen beantwortet diese Frage offensichtlich mit Ja. Noch im Dezember 2011 hieß es auf der WWF-Website:

>»Das zunehmende Interesse von ... Mineralöl- und Automobilindustrie ... an Alternativen zu fossilen Energieträgern und der Nutzung von Biomasse ist aus Sicht des WWF sehr positiv zu bewerten.«[45]

Dieser Eintrag ist inzwischen einem Text gewichen, der die öffentliche Meinung stärker berücksichtigt. Dass dies einen grundlegenden Sinneswandel beim WWF bedeutet, darf bezweifelt werden. Via RSPO wird unter maßgeblicher Beteiligung des WWF weiterhin versucht, diesen Wahnsinn mit zertifizierter Nachhaltigkeit zu kaschieren.

Doch das vom WWF mit-initiierte Zertifizierungssystem des RSPO hat gravierende Mängel. Die Probleme beginnen mit einem Phänomen, das auch von anderen Zertifizierungssystemen, zum Beispiel im Holzbereich, bekannt ist. Es wird nicht die Produktionsweise von Unternehmen zertifiziert, sondern die Produktion auf bestimmten Flächen. Diese Flächen sind Eigentum von Firmen, die sich dann als zertifiziert bezeichnen, obwohl ein mehr oder weniger großer Teil ihrer Produktion von nicht zertifizierten Flächen stammt. In der oben zitierten NGO-Erklärung wird deshalb kritisiert, dass den Unternehmen mit einer solchen Vorgehensweise ermöglicht wird, eine Gesamtbewertung ihrer Produktion zu umgehen. Modellplantagen würden es den Firmen gestatten, sich als ökologisch verantwortlich darzustellen, selbst wenn sie insgesamt unverantwortlich handelten. Diese Täuschung wird vom RSPO gefördert, indem auf der RSPO-Website an prominenter Stelle eine Liste zertifizierter Produzenten und Lieferketten angeboten wird. Es geschieht auf der RSPO-Website also genau das, was von den kritischen NGOs bemängelt wird – die magische Verwandlung einzelner Flächen in komplette Unternehmen. Erst in den tieferen Schichten der Homepage und auch dann nur bei genauem Hinsehen wird deutlich, dass es sich um einzelne Plantagen (und Verarbeitungsstätten) handelt, die zertifiziert werden.

Zu einer >nachhaltigen< Produktion, so sollte man meinen, gehört auch der Verzicht auf Pestizide oder zumindest eine drastische Reduktion ihres Einsatzes. Dies ist bei der Bewirtschaftung großflächiger Monokulturen praktisch unmöglich. Zu den Indikatoren des RSPO-Kriteriums 4.6 (Verwendung von Agrochemikalien) gehören deshalb eine »Begründung« für die Verwendung von Agrochemikalien, Aufzeichnungen über die ein-

---

45 http://www.wwf.de/themen/landwirtschaft/bioenergie/ [29.12.2011]

gesetzten Wirkstoffmengen, die Sicherstellung, dass sie von geschultem Personal ausgebracht werden, aber nicht die Verbannung von Pestiziden. Ein weiteres Kriterium ist die Eliminierung hochtoxischer Verbindungen wie Paraquat. Der RSPO hatte sich im März 2006 dazu verpflichtet, bis November 2007 Alternativen zu hochtoxischen Verbindungen zu identifizieren. Da dies nicht erfolgt war, wurde November 2008 als »letzter Termin« gesetzt. Auf Anfrage teilte Adam Harrison von *WWF Scotland* am 3. Januar 2012 per e-mail mit, dass ein abschließender Bericht noch immer nicht vorliegt. Inzwischen (Mai 2013) ist unter den Indikatoren zu finden, dass der Einsatz von Paraquat und anderen hochtoxischen Verbindungen »reduziert und/oder eliminiert« sein soll. Der Einschluss einer nicht näher spezifizierten Reduzierung als Indikator bietet einen breiten Interpretationsspielraum. Überhaupt hat der RSPO ein hohes Maß an Nachsicht mit sich selbst und seinen Mitgliedern: Während die Abgabe eines Jahresberichts (ACOP, *Annual Communications of Progress*) laut eigner Aussage *Voraussetzung* für die Mitgliedschaft ist, unter anderem, weil er angeblich dazu dienen soll, die Selbstverpflichtungen der Mitglieder zu analysieren und öffentlich zu machen, hatten 2011 nur 66 Prozent und 2012 nur 67 Prozent der Plantagenbetreiber einen solchen Jahresbericht abgeliefert. Ihre Mitgliedschaft wurde dadurch jedoch nicht beeinträchtigt.

In den »Prinzipien und Kriterien« für die Zertifizierung definierte der RSPO als Prinzip Nr. 2 die Befolgung der geltenden Gesetze und Verordnungen. Mit einer nur wachsweichen Bezugnahme auf die in internationalen Abkommen (z.B. ILO Konvention 169) beschriebenen Gewohnheitsrechte lokaler und indigener Bevölkerungsgruppen, die in der Vergangenheit wiederholt verletzt wurden, konnte der RSPO, was in Indonesien zertifizierte Plantagen anbelangt, bis zum 19. September 2011 behaupten, sich im Rahmen der »geltenden Gesetze« zu bewegen. Schließlich erklärte der Artikel 21 des Plantagengesetzes von 2004 das Betreten von Plantagen durch die lokale Bevölkerung für illegal und der Artikel 47 legte die Sanktionen für den Fall fest, dass gegen Artikel 21 verstoßen wurde. Mithin hatten die zahlreichen Fälle von Gewalt staatlicher und privater Sicherheitskräfte gegen die lokale Bevölkerung einen juristischen Deckmantel, hinter dem sich der RSPO verstecken konnte. Dieser Deckmantel wurde durch ein am 19. September 2011 gefälltes Urteil des indonesischen Verfassungsgerichts fadenscheinig. Das Gericht trug den Klagen vertriebener BäuerInnen und UreinwohnerInnen aus Sumatra, Westkalimantan und Java Rechnung und hob die Artikel 21 und 47 auf. Zuvor galt:

»Sobald der Wald gerodet und der Boden bepflanzt war, galten die Firmen auch ohne offizielle Betriebsgenehmigung als Besitzer und durften jeden gewaltsam vertreiben und verhaften lassen, der das Land betrat.« (RdR 2011)

Dabei werden diese Ländereien fast immer traditionell bewirtschaftet, und die ursprünglichen NutzerInnen werden mit der Errichtung von Plantagen ihrer Rechte beraubt. Das Ausmaß der Situation wird dadurch illustriert, dass nach Angaben des indonesischen Landwirtschaftsministeriums 7.491 ungelöste Landkonflikte existieren. Zwischen September 2011 und Oktober 2012, also nach dem Urteil des Verfassungsgerichts, gab es laut Mukti Sardjono von der Plantagenabteilung des Ministeriums über 800 neue Konflikte (M. Klute, pers. Mitt., 7.6. 2013). NGOs wie *Sawit Watch* bzw. das Konsortium für Agrarreform kommen mit der Dokumentation und Bearbeitung dieser Konflikte gar nicht hinterher. Für 2012 nennt das Konsortium Agrarreform 198 gewalttätige Fälle mit drei Toten, dutzenden Angeschossenen und 156 Inhaftierten und Sawit Watch bearbeitet derzeit zirka 700 Fälle. »Die Plantagenbetreiber werden jetzt andere Gesetze nutzen, um die Vertreibung der ländlichen Bevölkerung zu rechtfertigen«, sagt Marianne Klute. Wie in Tansania, Uganda und vielen anderen Ländern ist die Straflosigkeit bei Menschenrechtsverletzungen im Zusammenhang mit Landfragen ein riesiges Problem. Das ist das soziale Klima, in dem der RSPO Zertifikate für soziale und ökologische Nachhaltigkeit verteilt.

Problematisch ist schließlich, dass sich der RSPO *de facto* selbst zertifiziert: Die Zertifizierung basiert zwar auf den Inspektionen und Berichten von Dritten, aber sowohl die Entscheidung, welche Organisation mit der Inspektion beauftragt wird, als auch die Entscheidung über die Zuerkennung des Zertifikats selbst (auf der Basis des Berichts der vertraglich verpflichteten Organisation) obliegt dem RSPO *Executive Board* – derzeit ein 16-köpfiges Gremium mit 11 Industrievertretern.

Am 25. April 2013 wurden vom RSPO revidierte »Prinzipien und Kriterien« veröffentlicht, von denen sich *Greenpeace Südostasien* zutiefst enttäuscht zeigte und sie als verpasste Chance bezeichnete.[46] Statt progressive Firmen zu belohnen, die die sozialen und ökologischen Standards einhalten, begünstige der RSPO weiterhin die destruktiven Unternehmen. In der Sprache des RSPO-Vorstandes klingt das folgendermaßen:

»Als Organisation aus einer Vielzahl unterschiedlicher Interessengruppen vertritt der RSPO die grundlegenden Absichten eindeutig definierter Akteure des

---

46 www.greenpeace-magazin.de/tagesthemen/einzelansicht/artikel/2013/04/25/greenpeace-statement-palm-oil-roundtable-misses-chances/

Industriesektors, die sich unter einer gemeinsamen Vision zusammengeschlossen haben. Bei einem solchen Zusammenschluss werden unterschiedliche Meinungen nicht nur erwartet – sie sind die Voraussetzung für die Findung einer stabilen Mitte, die üblicherweise nach intensiven Diskussionen und der Harmonisierung unterschiedlicher Interessen ermittelt wird.«[47]

Die Frage ist, wie die Vision von ›Akteuren des Industriesektors‹ aussieht, von denen ein Drittel die grundlegende Voraussetzung für eine ohnehin nicht sonderlich anspruchsvolle Mitgliedschaft missachtet und sich über die Pflicht der Erstellung eines Jahresberichts hinwegsetzt.

Der WWF ist Mitbegründer des RSPO und der wichtigste Akteur auf der schmalbrüstigen NGO-Seite. Ein Beispiel dafür, wie der WWF den RSPO popularisiert und zugleich die wahren Verhältnisse vernebelt ist die *Palm Oil Buyers' Scorecard*, die 2011 zum zweiten Mal präsentiert wurde – eine Art Einkaufsratgeber für vermeintlich nachhaltige Palmölprodukte. Die neun möglichen Punkte, um sich zum nachhaltigen Anbieter von Palmölprodukten zu qualifizieren, basierten auf folgenden Bewertungsfragen:

a) 2 Punkte: Mitgliedschaft im RSPO;
b) 1 Punkt: Erklärung des Ziels, bis 2015 ausschließlich RSPO-zertifiziertes Palmöl zu nutzen;
c) 1 Punkt: Veröffentlichung der Gesamtmenge des verwendeten Palmöls
d) 5 Punkte: Angaben über die Verwendung von »irgendeinem« (*any*) zertifiziert nachhaltigem Palmöl, Offenlegung des Anteils an RSPO-zertifziertem Palmöl und Veröffentlichung der verwendeten Palmölmenge.

Das aufgelistete Sammelsurium an Kriterien zeichnet sich zunächst dadurch aus, dass diese so stark miteinander korrelieren, dass man sie vermutlich auf zwei Kriterien reduzieren könnte. Das würde allerdings den Schein einer ›umfassenden Bewertung‹ beschädigen. Mindestens ein Drittel der Punkte honoriert die Bereitschaft, dem Wachstumsdrang des RSPO als Zertifizierungsinstitution entgegenzukommen. Welche Folgen es hat, wenn die Verwendung von ›zertifiziert nachhaltigem‹ Palmöl zwar angegeben wird (Frage d), aber sehr gering ist, erschließt sich dem Verbraucher nicht. Trotz des krebsartigen Wachstums der Palmölproduktion – beim weltgrößten Produzenten (Indonesien) wird innerhalb dieses Jahrzehnts eine Verdopplung erwartet – sollen bis 2015 nach Vorstellung des WWF 25 Prozent allen verkauften Palmöls RSPO-zertifiziert sein. Die Zertifizie-

---

47 www.rspo.org/news_details.php?nid=151&lang=9

rung wird unter anderem vom TÜV Rheinland durchgeführt, der 2010 wegen der gesundheitsgefährdenden Brustimplantate des französischen Herstellers PIP in die Schlagzeilen geraten war.

RTRS – der Runde Tisch zu ›verantwortungsbewusstem‹ Soja

Der *Round Table on Responsible Soy* (RTRS) ist ein ähnliches Unterfangen wie der RSPO. In der Tat war das Ansehen der lateinamerikanischen Sojaproduzenten Anfang dieses Jahrhunderts wegen der Zerstörung der Regenwälder auf einem Tiefpunkt angekommen. Der RTRS war der rettende Engel, mit dem eine Debatte eröffnet wurde, die die Suggestion einer Wende zum Besseren ermöglichte und das schlechte Image dieser Branche ›reparierte‹, unabhängig davon, ob zertifiziert wurde oder nicht (vgl. Elgert 2013). Laureen Elgert weist auch darauf hin, dass die Waldvernichtung mit der Einführung von RTRS nicht beendet, sondern einfach nur verschoben wurde: Die Rinderzüchter, die kein – wie auch immer geartetes – Zertifizierungssystem haben, holzen jetzt den Regenwald ab, während die zertifizierten Sojaproduzenten die Weideflächen übernehmen. Auch beim Greenwash-Projekt RTRS ist der WWF die treibende Kraft. Nach dem gleichen Muster wie beim RSPO versucht der von der Industrie dominierte Runde Tisch, Nachhaltigkeit und soziale Verantwortung zu suggerieren. Dagegen protestierten 2010 wiederum zahlreiche NGOs und Initiativen in einem offenen Brief.[48] Selbst *Oxfam Novib* und das *Pesticide Action Network* (PAN), die den RSPO mit tragen, schlossen sich diesem Protest an. Die UnterzeichnerInnen lehnen das RTRS-Label ab, weil die Kriterien zur Zertifizierung als vollkommen ungenügend angesehen werden und weil sich der Runde Tisch als ›internationale Stakeholder-Initiative‹ verkauft, obwohl er in Europa und Südamerika weder bei der Zivilgesellschaft noch bei nachhaltig wirtschaftenden Familienbetrieben Rückhalt findet. Die fehlende Verankerung des RTRS vor Ort lässt sich auch aus den misslungenen Treffen mit örtlichen InteressenvertreterInnen (Stakeholders) während der Vor-Ort-Besuche im Rahmen des Zertifizierungsprozesses ablesen. Solche Treffen sind in den Zertifizierungskriterien vorgeschrieben. Aber wie den auf der RTRS-Website veröffentlichten zusammenfassenden Berichten zu entnehmen ist, erscheint häufig niemand von den Stakeholders zu den von den Zertifizierern anberaumten Terminen. Die Berichte offenbaren ferner eine große Variabilität, was die Gründlichkeit der Audits anbetrifft, die

---

48 www.gmfreeze.org/news-releases/32/, der Brief trägt über 240 Unterschriften.

prinzipiell nur von zwei AuditorInnen durchgeführt werden. Mit dieser Kapazität wird dann innerhalb eines Tages die Nachhaltigkeit von Flächen bis zu 10.000 Hektar überprüft.

Ähnlich wie die Palmöl-Konjunktur steht der Soja-Boom im Zusammenhang mit der Beimischungsrichtlinie für Dieselkraftstoffe. In Argentinien und Brasilien zusammen wird derzeit mehr als ein Drittel des weltweiten Aufkommens an Sojabohnen produziert, verbunden mit einem überdurchschnittlichen Wachstum. Bei einer geschätzten globalen Zunahme der Produktion von jährlich 2,5 Prozent wird aufgrund des überproportionalen Wachstums der Anteil der beiden Länder an der Weltproduktion bis 2020 voraussichtlich auf über 50 Prozent steigen. Dies wird vor allem durch eine weitere Ausdehnung der Anbauflächen erreicht werden, deren Wachstum für die Periode von 2010 bis 2020 auf etwa 11,6 Millionen Hektar prognostiziert wurde, 38 Prozent Mehrfläche in Argentinien und 20 Prozent Mehrfläche in Brasilien (vgl. Masuda / Goldsmith 2009). Riesige Monokulturen verdrängen die verbliebenen KleinbäuerInnen und die biologische Vielfalt zugunsten der Versorgung der globalen Märkte mit industriellem Tierfutter und Agrodiesel. Obwohl seitens zahlreicher NGOs und kirchlicher Hilfswerke die Kritik am Einsatz von Agrotreibstoffen wegen der nachweislichen ökologischen und sozialen Konsequenzen unvermindert anhält, ist keine Bereitschaft der Europäischen Union zu einem Abrücken von ihren Beimischungszielen zu erkennen. Al-Riffai u.a. (2010, S.51) prognostizieren in ihrer von der Europäischen Kommission in Auftrag gegebenen Studie einen 20-prozent-igen Soja-Anteil am >Bio<diesel-Mix der EU im Jahr 2020. Mit Hilfe des RTRS wird versucht, die negativen Folgen dieser Entwicklung zu kaschieren. Besonders pervers sind die Zertifizierung gentechnisch veränderter Sojabohnen und die Möglichkeit der Zertifizierung von Sojabohnen, die auf Flächen angebaut werden, auf denen bis Mai 2009 noch Regenwald gestanden hat. Die »Einhaltung der geltenden Gesetze« und die »Zahlung üblicher Löhne« werden nicht als Grundvoraussetzungen betrachtet, deren Einhaltung eigentlich vom Staat überwacht werden müsste, sondern sie werden vom WWF als zertifizierungswürdige Kriterien begrüßt (Zobor 2009).

Gentechnisch manipulierte (GM) Sojabohnen spielen in der Logik des WWF als Helfer beim Umweltschutz eine zweifache Rolle, woraus dann die Sinnhaftigkeit ihrer Zertifizierung abgeleitet wird.

Der erste >Umweltschutzeffekt< besteht nach Ansicht des WWF in der Möglichkeit, auf hochgiftige Pestizide zu verzichten und stattdessen vermeintlich mindergiftige einzusetzen. Der Klassiker im Kontext dieser angeblichen Umweltschutzmaßnahmen ist Roundup mit seinem Wirkstoff Glyphosat. Bei der Verwendung von Monsantos *Roundup-Ready*-Sojabohnen werden hochtoxische Herbizide (Unkrautvernichtungsmittel) wie Paraquat durch besagtes Glyphosat ersetzt, das Monsanto bereits 1974 auf den Markt brachte. Die seinerzeit von dem Unternehmen zur Marktzulassung eingereichten Studien bescheinigten dem Wirkstoff eine geringe Giftigkeit. Doch die akute Giftwirkung (sofortige tödliche Wirkung) kann nicht als einziger Maßstab gelten. Wenn es danach ginge, wäre auch der Contergan-Wirkstoff Thalidomid, dessen akute letale Wirkung oberhalb von 5 Gramm pro Kilogramm Körpergewicht liegt (vgl. Somers 1960), faktisch ungiftig.

In den letzten zehn Jahren wurden jedoch vermehrt unabhängige experimentelle und epidemiologische Untersuchungen durchgeführt, deren Ergebnisse die Harmlosigkeit von Glyphosat bzw. Roundup mehr und mehr in Frage stellen (vgl. Relyea/Jones 2009, Antoniou u.a. 2010, Mertens 2011, Séralini u.a. 2012). Zu den beobachteten Effekten von Glyphosat zählen unter anderem:

– Störungen des Hormonhaushalts,
– nierenschädigende Wirkung,
– erhöhte Tumorfrequenz,
– vorgeburtliche Schäden (sowohl tierexperimentell belegt und als vermehrtes Auftreten in jenen Bevölkerungsgruppen beobachtet, die in Gebieten intensiver Roundup-Anwendung leben),
– tödliche Wirkung auf Kaulquappen in umweltrelevanten Wirkstoffkonzentrationen.

Ein Formulierungshilfsstoff des Roundoup-Präparats, das Tensid POEA (polyethoxyliertes Tallowamin), scheint die toxische Wirkung von Glyphosat erheblich zu verstärken. Diese nachweisliche Bedenklichkeit führte in verschiedenen Regionen Argentiniens, Kolumbiens und Israels zu gerichtlichen Verboten der Ausbringung von Roundup mit dem Flugzeug. Wegen einer möglichen Verdriftung ist eine Flugzeugausbringung mit besonders hohen Risiken einer unbeabsichtigten Exposition von Mensch und Tier verbunden.

Hinzu kommt die bis heute unangefochtene, bereits im 16. Jahrhundert von Paracelsus gemachte Erkenntnis, dass die Dosis bestimmt, ob eine Substanz zum Gift wird. In dem Maße, in dem die inzwischen existierenden >Super-Unkräuter< wegen ihrer Glyphosat-Resistenz immer höhere Herbizidmengen erfordern, schrumpft die ohnehin zweifelhafte Mindergiftigkeit aufgrund erhöhter Ausbringungsmengen. >Super-Unkräuter< entstanden durch den von Glyphosat ausgeübten Selektionsdruck. Wenn alles andere abstirbt, können jene Pflanzen, die gegenüber Glyphosat resistent sind, ungehindert wachsen und sich rasant vermehren. In der Konsequenz werden immer größere Glyphosatmengen benötigt, um die mit den entsprechenden GM-Pflanzen bebauten Flächen unkrautfrei zu halten. Nicht nur in den USA, wo Roundup-Ready-Sojabohnen bisher am längsten eingesetzt werden, sind die >Super-Unkräuter< inzwischen ein riesiges Problem. Die Dynamik dieser Entwicklung lässt sich an den kurzen Zeiträumen ihrer Entstehung ablesen: Vor neun Jahren – 2004 – wurde Glyphosat-Resistenz erstmals beobachtet. Inzwischen gibt es weltweit über 20 Pflanzenarten, die Glyphosat-resistent sind, davon 13 in den USA.

Ein zweiter >Umweltschutzeffekt< von GM-Soja wird seitens des WWF beim Kampf gegen den Klimawandel verortet. Das funktioniert so: Um die Kosten für die Vergabe des RTRS-Labels zu reduzieren, schlug der WWF-Vizepräsident Jason Clay im Mai 2009 vor, die ProduzentInnen von RTRS-zertifiziertem Soja über den REDD-Mechanismus[49] zu belohnen. REDD ist ein seit der Klimakonferenz 2010 im mexikanischen Cancún offiziell anerkanntes Instrument, mit dessen Hilfe Treibhausgase gehandelt und den Unternehmen die Möglichkeit geboten wird, Emissionszertifikate zu kaufen, statt eigene Klimaschutzmaßnahmen umzusetzen (siehe auch Kasten auf Seite 27). Für die ProduzentInnen von RTRS-zertifizierten Sojabohnen soll es nach den Vorstellungen des WWF zwei Möglichkeiten geben, von den >Kohlenstoffmärkten< zu profitieren: erstens durch die Verrechnung von erhaltenen Waldstücken auf ihrem mit Sojabohnen bebauten Land und zweitens für eine klimafreundliche landwirtschaftliche Praxis. Bei letzterem Vorschlag entpuppt sich der WWF erneut als enger Verbündeter von Monsanto. Seit Jahren bemühen sich die Lobbyisten dieses Konzerns darum, für die Verwendung herbizid-resistenter Sorten CO_2-Emissionszertifikate geltend machen zu können. Die Begründung: Beim Einsatz dieser GM-Sorten kann auf das Pflügen des Bodens (zur mechanischen Beseitigung von Unkraut) verzichtet werden, indem stattdessen Roundup ausgebracht wird. Dieser Verzicht auf das Pflügen (siehe Kasten) wird dann in vermeintlich eingesparte CO_2-Emission umgerechnet, sodass anschließend CO_2-Zertifikate im globalen Emissionshandel verkauft werden können. Mit anderen Worten: Baut Gen-Soja an, dann bekommt ihr CO2-Zertifikate und könnt damit die RTRS-Zertifizierung bezahlen.

---

49 *Reduction of Emissions Derived from Deforestation and Forest Degradation*

No-Till – ohne Pflügen

Erste Versuche, nach der Ernte bzw. vor der nächsten Aussaat auf das Pflügen des Bodens zu verzichten, wurden von US-amerikanischen Farmern des mittleren Westens bereits vor 90 Jahren gemacht. Nach der Erfahrung mit den *Dust-Bowls*, den schlimmen Sandstürmen der 1930er Jahre, suchten sie nach Methoden, die Bodenerosion zu verringern. Im Laufe der Jahrzehnte wurde No-Till zu einem anerkannten Verfahren der Verbesserung der Bodenqualität und des Wasserhaushalts. Trotzdem ist No-Till nicht problemlos, wenngleich die positiven Wirkungen auf Boden und Wasserhaushalt überwiegen. Auf der Habenseite steht die Verminderung der Erosion des Ackerlandes – die offizielle US-Statistik vermerkte eine 43-prozentige Reduktion von 1982 bis 2003 (vgl. Huggins / Reganold 2008). Die Kehrseite der No-Till-Medaille ist ein erhöhter Pestizideinsatz, den letztgenannte Autoren bereits bei Anwendung der Methode mit konventionellen Pflanzensorten einräumen. Sie empfehlen deshalb Fruchtfolgen (Rotation der angebauten Feldfrüchte), sowohl um die Vermehrung von Unkräutern einzudämmen als auch um die Entstehung von Herbizid-resistenten Unkräutern hinauszuzögern. Doch der integrative Ansatz des No-Till, mit dem die Bodenstruktur verbessert und die Retention des Wassers erhöht werden können, ist längst in den Hintergrund getreten.

Das Verfahren wird inzwischen auf etwa 111 Millionen Hektar Ackerland (ca. acht Prozent der globalen Ackerfläche) praktiziert. Rund 65 Prozent der Flächen befinden sich in Argentinien, Brasilien und den USA – das heißt den Ländern mit dem weltweit größten Anbau von gentechnisch veränderten Pflanzen. Zählt man Australien und Kanada, zwei weitere Gentechnik-Hochburgen, hinzu, deckt das 92 Prozent der oben erwähnten 111 Millionen Hektar ab.

Die Wende für das Verfahren kam in den 1990er Jahren, als Monsanto begann, ›Paketlösungen‹ von No-Till, gentechnisch veränderten Sorten und Herbizidanwendung anzubieten. Auf der anderen Seite ist die Kombination eines Verzichts auf das Pflügen mit biologischen Anbaumethoden eine große Herausforderung bezüglich der Unkrautbekämpfung (vgl. Gattinger u.a. 2011). Bei Einführung von pfluglosen Anbaumethoden in den kleinbäuerlichen Landwirtschaften Afrikas wird befürchtet, dass die Arbeitsbelastung der Frauen, die traditionell das Unkraut auf den Feldern jäten, weiter steigen könnte (vgl. Giller u.a. 2011).

Vor dem Hintergrund des Klimawandels wird die Einführung von No-Till von der Weltbank und der FAO unterstützt. Dieses Verfahren wirke sich positiv auf die Bilanz der Treibhausgase aus, weil sich die Menge des im Boden gebundenen Kohlenstoffs erhöht, die Freisetzung von Treibhausgasen aus dem Boden sich verringert, der Kraftstoffverbrauch bei der Bodenbearbeitung abnehmen und der Einsatz an synthetischen Stickstoffdüngern sich reduzieren würde.

Auf der Grundlage einer umfangreichen Literaturauswertung kommen Gattinger u.a. (2011) zu der Schlussfolgerung, dass einzig die Reduktion des Dieselkraftstoffverbrauchs stichhaltig belegt ist. No-Till führt im Vergleich zum Anbau mit Bodenbearbeitung (pflügen, eggen) in diesem Punkt zu einer Einsparung von über 50 Prozent. Für die anderen drei Punkte ließ sich kein eindeutiger Effekt nachweisen. Je nach Rahmenbedingungen schnitt No-Till entweder besser oder schlechter ab oder es bestand kein Unterschied. Die Autoren erkennen aufgrund der verringerten Bodenerosion zwar Vorteile von No-Till bei der Anpassung an den Klimawandel. Von einer Einbeziehung in den CO_2-Handel raten sie aber bis auf Weiteres ab. Doch genau danach strebt Monsanto seit Jahren.

Runde Tische aus diskursanalytischer Perspektive

Ein primärer Grund für die Konjunktur von Runden Tischen liegt in der neoliberalen Transformation der Weltwirtschaftsbeziehungen. Auf den inflationären Charakter der Verwendung des Begriffs >Nachhaltigkeit< und auf die Fragwürdigkeit zahlreicher offizieller Nachhaltigkeitskonzepte soll an dieser Stelle nicht eingegangen werden. Doch selbst die bescheidenen Absichten von Regierungen, >Nachhaltigkeit< der offiziellen Lesart durchzusetzen, etwa durch die Errichtung von Handelsbarrieren für den >nicht-nachhaltigen< Fluss von Rohprodukten zum Endverbraucher, scheitern an dem begrenzten gesetzlichen und politischen Spielraum aufgrund der Regeln der WTO (vgl. Schouten / Glasbergen 2011). Als systemkonformer Ausweg aus diesem Dilemma entstanden im Laufe der letzten zwei Jahrzehnte diverse Runde Tische, zu denen der Forest Stewardship Council (FSC), die hier diskutierten RSPO und RTRS sowie weitere vom WWF initiierte runde Tische zu »Besserer Baumwolle« (*Better Cotton Initative*, BCI), »Besserem Zuckerrohr« (*Better Sugarcane Initiative*, BSI) und »Nachhaltigem Biotreibstoff« (*Round Table on Sustainable Biofuel*) gehören. Regierungen leiten aus der Existenz von runden Tischen ab, dass gesetzliche Regelungen nicht mehr notwendig seien. So argumentierte der niederländische Landwirtschaftsminister im Jahr 2008, dass der RSPO ein Beispiel für eine vielversprechende freiwillige internationale Initiative von ProduzentInnen, VerbraucherInnen und NGOs sei. Deshalb bestünde für die niederländische Regierung keine Notwendigkeit, einen gesetzlichen Rahmen zu schaffen, der das Problem des Imports von nicht nachhaltigem Palmöl behandelt (vgl. Schouten / Glasbergen 2011). Nach Ansicht von Schouten und Glasbergen überlassen nationale Regierungen das Feld den marktbasierten nichtstaatlichen Initiativen aus Angst vor Sanktionen durch die WTO. Auch das BMZ bezieht sich ausdrücklich auf Runde Tische wie den RSPO und den RTRS. In seinem Strategiepapier zu Land Grabbing steht: »Der Roundtable on Sustainable Biofuels, der Round Table on Sustainable Palm Oil, der Roundtable on Responsible Soy, der Forest Stewartship Council oder auch die Better Sugarcane Initiative haben Aspekte von Landmanagement und Landrechten bereits in ihre Kriterienkataloge aufgenommen« (BMZ 2012, S.9). Und das BMZ verspricht, sich dafür einzusetzen, »dass sich die Problematik rund um die Ressource Land in der Weiterentwicklung von marktbasierten Standardsystemen widerspiegelt« (BMZ 2012, S.9). Im gleichen Papier, wird allerdings auch eingeräumt: »Freiwillige internationale Leitlinien und Prinzipien, wie sie sich jetzt abzeichnen, sind ein wichtiger Schritt, reichen aber bei Weitem nicht aus« (BMZ 2012, S. 3). Wie dieser Spagat überbrückt werden soll, dazu wird in dem Strategiepapier keine Strategie entwickelt.

Eines der grundlegenden Probleme aller marktbasierten Initiativen ist der Widerspruch zwischen dem bindenden Charakter, den die angestrebten Nachhaltigkeitskriterien eigentlich haben müssten, um durchgesetzt zu werden und der mangelnden Bereitschaft der Unternehmen, sich auf bindende Kriterien einzulassen. Letzteres ist nicht primär eine moralische Fehlleistung einzelner Individuen, sondern Resultat des Wirkens der ökonomischen Gesetze des Kapitalismus: Profitmaximierung als objektiver Zwang. In einem dieser Gesetzmäßigkeit unterworfenen System ist die Erfüllung sozialer und ökologischer Kriterien eher hinderlich. Die obligatorische Durchsetzung ›harter‹ Nachhaltigkeitskriterien hätte zur Folge, dass sich kaum ein Unternehmen an den freiwilligen runden Tischen einfinden würde. Deshalb werden an den runden Tischen entweder Zugeständnisse bei der Härte der Kriterien oder bei deren konsequenter Anwendung gemacht, zumeist aber in beiden Bereichen gleichzeitig. Dies wiederum nagt an der Glaubwürdigkeit. Im Fall des RSPO ist es vor allem die fehlende Durchsetzung der festgelegten Spielregeln. In ihrer Analyse verweisen Schouten und Glasbergen (2011) darauf, dass ein Ausschluss aus dem RSPO, der bei einer wiederholten Verletzung der Regeln (*Code of Conduct*, Statuten, Beschlüsse der Generalversammlung) eigentlich angezeigt wäre, nicht erfolgt. Noch schwerer wiegt die Tatsache, dass der Code of Conduct des RSPO Vorgaben zur Messung, Überprüfung und Durchsetzung von eingeforderten Verbesserungen *a priori* vermeidet. Im Ergebnis bleibt die Anprangerung der Verletzung von Menschenrechten und ökologischen Normen (Vertreibungen, Abholzung von Primärwald) auf der Strecke. Diese erfolgt schließlich durch Organisationen, die gar nicht am RSPO teilnehmen. Auch die Sanktionierung solcher Vergehen erfolgt außerhalb des RSPO: Zum Beispiel entschied Ende 2009 der Lebensmittelkonzern Unilever, kein Palmöl mehr von dem indonesischen Plantagenbetreiber PT Smart zu kaufen[50], aber nicht wegen Sanktionen vom RSPO, sondern aufgrund des öffentlichen Drucks, der von Gruppen und Initiativen außerhalb des RSPO, insbesondere von Greenpeace, erzeugt worden war (vgl. Schouten / Glasbergen 2011). Sowohl Unilever als auch PT Smart sind RSPO-Mitglieder. Dass das Ganze nicht im Rahmen des RSPO verhandelt wurde, ermöglichte diesem runden Tisch, *business as usual* zu betreiben. So vermeidet man, andere Produzenten, die am RSPO teilnehmen, zu verschrecken.

Den durch solche Konfliktvermeidung entstehenden Legitimitätsverlust versucht der RSPO diskursiv zu kompensieren. Durch vielfältige Beziehungen zu zahlreichen Regierungsinstitutionen in den Erzeuger- und Verbraucherländern und explizite Bezugnahme auf gesetzliche Regelungen in seinen »Prinzipien und Kriterien« wird der Anschein von Legitimität erweckt. Die Erwähnung des RSPO in dem Strategiepapier des BMZ (vgl. BMZ 2012) ist dafür ein beredtes Beispiel. Auch die Mitarbeit einiger NGOs, unter ihnen Oxfam und das Pesticide Action Network, hilft bei der Suggestion von Repräsentativität. Beim RTRS liegen die Verhältnisse noch anders. Durch die vorgegebenen Rahmenbedingungen wurde die Infragestellung von Gentechnik und großflächigen Monokulturen von vornherein tabuisiert, wodurch ein wichtiges Segment der Zivilgesellschaft *a priori* ausgeschlossen war. Inklusion ist jedoch eine der drei formalen Grundbedingungen für den demokratischen Charakter eines Diskurses (vgl. Schouten / Glasbergen 2011). Während der RSPO eine scheinbare Inklusion vorspiegelt, hat der RTRS auf dieses Feigenblatt verzichtet.

---

50 www.unilever.com/mediacentre/pressreleases/2009/Unilevertakesstanceagainstdeforestation.aspx. PT Smart war beschuldigt worden, bei der Ausdehnung seiner Plantagen hochwertigen Regenwald und Torfmoore zu zerstören. Im Oktober 2011 nahm Unilever sein Käufe bei PT Smart wieder auf.

Die grüne Matrix

Land Sharing

Land Sharing ist das Gegenkonzept zum Land Sparing, dessen unheilvolle Kombination aus Naturschutzfestungen und Agrarwüsten, einschließlich ihrer diskursiven Rechtfertigung, im ersten Teil des Buches betrachtet wurde. Ivette Perfecto und John Vandermeer, ProfessorInnen an der Universität Michigan, die das Land-Sharing-Konzept entwickelt haben, formulierten zugespitzt, dass das Lager der NaturschützerInnen in zwei Teile zerfalle: Jene, die unberührte Natur kaufen und mit bewaffneten Wächtern schützen lassen und die anderen, die mit den Armen marschieren, um revolutionäre Änderungen zu erreichen (aus denen sich dann Möglichkeiten für eine neue Art von Naturschutz ergeben). Dieses Bild trüge zwar Züge einer Karikatur, die jedoch ziemlich treffend die beiden Pole der gegenwärtigen Debatte einfange. »Und wir hoffen, es ist klar, auf welcher Seite wir stehen«, schreiben die beiden am Ende ihres Übersichtsartikels, der die ökologische Basis und die sozialökonomischen Hintergründe des Land-Sharing-Konzepts erläutert (vgl. Perfecto / Vandermeer 2008).

Was motiviert zwei ÖkologieprofessorInnen, sich so explizit mit der Landlosenbewegung Brasiliens (*Movimento dos Sem Terra*, MST) und mit La Via Campesina, dem ›Dachverband‹ kapitalismuskritischer KleinbäuerInnenbewegungen zu solidarisieren? Von ihrer politischen Einstellung und ihrem sozialen Engagement abgesehen[51], sind es auch ökologische Erkenntnisse, die sie zu der Einsicht brachten, dass nach sozialer Gerechtigkeit strebende BäuerInnenbewegungen die natürlichen Verbündeten für den Schutz der Biodiversität sind. Verfolgt man ihre Gedankenkette rückwärts, stellt sich der Sachverhalt kurz gefasst folgendermaßen dar:

1. Landlose und KleinbäuerInnen erhalten Land im Ergebnis sozialer Kämpfe.
2. Bäuerliche Landwirtschaft ist die Grundlage für agrarökologische Anbaumethoden.
3. Agrarökologischer Anbau schafft eine ›grüne Matrix‹ hoher Qualität, die den Austausch von Lebewesen zwischen verschiedenen Habitatinseln (Naturschutzgebieten, naturbelassenen Räumen) ermöglicht.

---

51 Die beiden sind Teil der NWAEG (*New World Agriculture and Ecology Group*), einer Gruppe politisch und sozial aktiver AgrarökologInnen aus Nord-, Mittel- und Südamerika.

4. Der Austausch zwischen den Subpopulationen der Habitatinseln ist eine Grundvoraussetzung für den Fortbestand der Arten.

Etwas ausführlicher und in umgekehrter Reihenfolge lassen sich ihre Überlegungen, die sie in zahlreichen Arbeiten und einem Buch (vgl. Perfecto u.a. 2009) niedergelegt haben, folgendermaßen zusammenfassen:

Erstens machen jene ›charismatischen‹ Tierarten, um die es bei einem Großteil der Nationalparks und Schutzgebiete geht (Menschenaffen, Elefanten, Löwen, Tiger usw.)[52], nur einen winzigen Bruchteil der über eine Million bekannten Tier- und Pflanzenarten aus. Es gibt zehnmal mehr Pflanzen- als Wirbeltierarten[53] und mindestens einhundertmal mehr Insektenarten. Die implizite Schlussfolgerung: Ein winziger Teil der Biodiversität wird dramatisch überbewertet und ein Großteil der Biodiversität (und ihr Schutz) findet ungenügende bis gar keine Beachtung.

Zweitens verweisen Perfecto und Vandermeer darauf, dass die Fragmentierung des größten Teils der heutigen Landschaft weltweit eine Tatsache ist, die sich nicht rückgängig machen lässt. Pflanzen und Tiere leben also auf mehr oder weniger großen Habitatinseln. Doch entsprechend der ökologischen Theorie sterben Arten selbst auf großen Habitatinseln immer wieder aus. Dass die betreffende Art insgesamt trotzdem erhalten bleibt, hängt maßgeblich damit zusammen, dass Individuen dieser Spezies von Habitatinsel A zur Habitatinsel B gelangen, indem sie dorthin wandern, verdriftet oder verschleppt werden. Dieser Prozess spielt schon vor dem lokalen Aussterben eine Rolle – beim Genaustausch zwischen den Subpopulationen sowie bei der Wiederauffüllung geschrumpfter Bestände. Entscheidend dafür ist die ökologische Qualität der grünen Matrix – der landwirtschaftlich (oder anderweitig von Menschen) genutzten, zwischen A und B liegenden Fläche. Für solche Wiederbesiedlungsprozesse gibt es zahlreiche gut untersuchte Beispiele, von Schmetterlingsarten in Finnland bis zu Vogelarten im Amazonasgebiet.

Drittens ähnelt das Konzept der grünen Matrix zwar der Idee der ›biologischen Korridore‹, die bei den ProtagonistInnen eines Festungs-

---

52 In manchen Fällen geraten die eigentlich bedrohten Arten über die »charismatischen« Tierarten in Vergessenheit. Ein Beispiel ist der Gelbschnabelsturmtaucher (*Calonectris diomedea*) auf den Azoren, der tatsächlich bedroht ist, aber durch die als »Naturschutzattraktionen« touristisch vermarkteten Wale und Delphine, die in dieser Region nicht bedroht sind, völlig in den Hintergrund gedrängt wurde (vgl. Neves / Igoe 2012).
53 Zu den Wirbeltieren gehören die taxonomischen Klassen der Fische, Lurche, Kriechtiere, Vögel und Säugetiere.

naturschutz populär ist (schmale Streifen naturbelassener Habitate, die verschiedene Nationalparks miteinander verbinden), doch es gibt einen entscheidenden Unterschied: Die Akzeptanz solcher Projekte in der lokalen Bevölkerung, die beim Festungsnaturschutz samt seinen Korridoren fehlt. Auch wenn die grüne Matrix nicht alle Merkmale des Ursprungshabitats aufweist, ist sie zur Durchwanderung oftmals gut geeignet und steht in keinem Verhältnis zu den pestizidbehandelten Monokulturen einer industriellen Intensivlandwirtschaft. Als konkrete Beispiele nennen Perfecto und Vandermeer Kakaoplantagen, die mit schattenspendenden Bäumen durchsetzt sind, die einer bestimmten Orchideenart zwar keinen Lebensraum bieten, aber Bienen ermöglichen, den Pollen von Habitatinsel A nach B zu transportieren; eine Ameisenart, die auf eine bestimmte Waldgesellschaft spezialisiert ist und nicht in der Lage sein wird, in einer Schattenwald-Kaffeeplantage eine Population aufzubauen, aber um von A nach B zu kommen, dürfte die Qualität des zwischen A und B befindlichen Lebensraumes genügen. Die Beispiele setzen sich fort über die Verbreitung von Baumsamen bis zum bedrohten Südlichen Spinnenaffen (*Brachyteles arachnoides*), dessen Schicksal besiegelt sein dürfte, wenn die Habitatinseln, in denen er lebt, von Agrarwüsten umgeben sind.

Viertens können agrarökologisch bewirtschaftete Flächen selbst – abhängig vom Bewirtschaftungstyp – ein hohes Maß an biologischer Vielfalt aufweisen. Perfecto und Vandermeer unterscheiden dabei die >geplante< Biodiversität, d.h. die eigentliche Agrobiodiversität, und die >assoziierte< Biodiversität, d.h. das >spontane< biologische Drumherum, das auf pestizidbehandelten Flächen minimal und in traditionell bewirtschafteten Hausgärten tropischer Länder extrem hoch ist. Die Größe dieser Hausgärten liegt zwar in der Regel unter einem halben Hektar, ist aber mithin deutlich größer als ein deutscher Schrebergarten. Sie sind meist groß genug, um über die Eigenversorgung hinaus auch Obst, und Gemüse für den Verkauf zu erzeugen sowie Heilpflanzen, Bau- und Brennholz für den Eigenbedarf zu liefern. Solche Hausgärten weisen in der Halbwüstenregion von Burkina Faso immerhin 14 verschiedene Pflanzenarten auf, während es auf der Insel Java über 190 und in mittelamerikanischen Hausgärten bis zu 334 sind.[54] Für viele Arten sind solche Hausgärten ideale >Trittsteine<, um von einer Habitatinsel zur nächsten zu gelangen. Die jährlich neu bestellten Ackerflächen bieten naturgemäß ein weniger vielfältiges Bild. Selbst bei

---

54 Vgl. auch Gladis (2002)

agrarökologischer Bewirtschaftung besteht die ›geplante‹ Biodiversität in der Regel nur aus zwei oder drei verschiedenen Arten, die im Wesentlichen aus zwei Gründen miteinander kombiniert werden: Nährstoffanreicherung für nährstoffverzehrende Pflanzen (klassisches Beispiel: Getreide und Leguminosen) und biologische Schädlingsbekämpfung durch Pflanzen, die im Idealfall zugleich als Tierfutter verwendet werden können. Doch auch wenn die ›geplante‹ Biodiversität selbst nur aus wenigen Pflanzen besteht, ist die ›assoziierte‹ Biodiversität auf diesen Ackerflächen wesentlich höher als bei den pestizidbehandelten Monokulturen.

Fünftens hat die Qualität der grünen Matrix einen sozialökonomischen Kontext. Perfecto und Vandermeer machten wiederholt die Erfahrung, dass KleinbäuerInnen in den tropischen Regionen von NaturschützerInnen als Feinde der Biodiversität betrachtet werden. Wenngleich kein Zweifel daran besteht, dass landlose BäuerInnen Teil der ›Agrarfronten‹ sind, steht ihr Anteil in keinem Verhältnis zu den Umweltzerstörungen, die beispielsweise durch Staudammprojekte in Brasilien oder die Ausdehnung von Bananenplantagen in Ekuador und Costa Rica entstehen. Hinzu kommt die nach wie vor ungelöste Landfrage in vielen Ländern. Wenn KleinbäuerInnen durch GroßgrundbesitzerInnen oder ausländische Firmen von ihrem halbwegs guten Boden vertrieben werden, haben sie zwei Optionen: In die Stadt abzuwandern oder sich an die ›Agrarfront‹ zu begeben, um dort weniger geeignetes Land urbar zu machen. Es ist diese Konstellation, aus der Perfecto und Vandermeer ableiten, dass die Unterstützung von sozialen Bewegungen wie La Via Campesina oder der MST dem Naturschutz zugute kommen kann. Die beiden Organisationen sind nicht nur ein sozialer Gegenpol zur ›Agrarfront‹, sondern auch aktiv an der Verbreitung agrarökologischer Methoden beteiligt. Zum Beispiel blickt das Institut für Ökologische Forschung (*Instituto de Pesquisas Ecológicas*) in Brasilien auf eine erfolgreiche Zusammenarbeit mit dem MST zurück, die zum Schutz der Wälder am brasilianischen Atlantik beigetragen hat (vgl. Cullen Jr. u.a. 2005), und La Via Campesina ist gerade dabei, die zahlreichen in ihren Mitgliedsorganisationen existierenden agrarökologischen Erfahrungen zu bündeln und zu systematisieren, um sie besser austauschen zu können (Peter Rosset, pers. Mitt., 10.1.2013). Perfecto und Vandermeer sehen darin eine andere Art der Zusammenarbeit als die *Integrated Conservation and Development Programs*, die von der GEF (Umweltabteilung der Weltbank) und diversen Institutionen der Entwicklungszusammenarbeit gefördert werden und in ihrer ›Von-oben-herab‹-Herangehensweise versäumen, die

Rolle der ländlichen sozialen Bewegungen als Verbündete für eine neue Art des Naturschutzes anzuerkennen.

Agrarökologie – Definitionen, Kontext und Potenziale

Wezel und MitautorInnen betitelten ihre Publikation aus dem Jahr 2009 *Agroecology as a science, a movement and a practice* (Agrarökologie als Wissenschaft, Bewegung und Praxis). Das bringt zum Ausdruck, dass das Konzept inzwischen weitaus mehr beinhaltet als das, was in unseren Breiten landläufig hinter dem Begriff >Bio-Produkt< gesehen wird. Ähnlich wie >Nachhaltigkeit< leidet das Präfix >Bio< unter inflationärer bis hin zu missbräuchlicher Verwendung. So reduziert sich in den Köpfen das Label >Bio< häufig auf die Vorstellung, dass ohne den Einsatz von Chemikalien produziert wurde. Im vorliegenden Buch wird deshalb der Begriff Agrarökologie in der oben genannten, umfassenden Bedeutung verwendet. Die Bezugnahme auf >Bewegung< bedeutet nicht, dass Agrarökologie automatisch mit gesellschaftlichem Umbruch und der Entstehung einer gerechteren Gesellschaftsordnung gleichzusetzen ist. Doch sicherlich ist sie ein >Trittstein< auf dem Weg dorthin.

Die >Scharnierfunktion< der Agrarökologie zwischen Natur- und Gesellschaftswissenschaft existierte nicht von Anbeginn. Als der Begriff im Jahr 1928 von dem sowjetischen Agronomen B.M. Bensin geprägt wurde, war damit ausschließlich Biologisches gemeint – das Zusammenleben von Organismen auf landwirtschaftlichen Nutzflächen. Auch in der Tradition des Kieler Professors Wolfgang Tischler, der 1965 als erster ein Handbuch mit dem Titel Agrarökologie veröffentlichte, wird das Gebiet vornehmlich als biologisches Fach verstanden. Im Gegensatz dazu definierten Francis u.a. (2003, S. 100) diese Wissenschaftsdisziplin als »integrative Erforschung der Ökologie des gesamten Nahrungsmittelsystems, einschließlich seiner ökologischen, ökonomischen und sozialen Dimensionen«. Auch Dalgaard u.a. (2003) kommen zu der Schlussfolgerung, dass es sich bei Agrarökologie um die Integration agronomischer, ökologischer, soziologischer und ökonomischer Forschung handelt.

Der UNO-Sonderberichterstatter für das Recht auf Nahrung, Olivier de Schutter beschreibt Agrarökologie unter Bezugnahme auf Altieri (1995) und Gliessman (2007) als die Anwendung der ökologischen Wissenschaft auf die Erforschung, die Gestaltung und das Management nachhaltiger landwirtschaftlicher Systeme. Agrarökologie trachte danach, diese Systeme durch die Nachahmung und Verstärkung natürlicher Prozesse zu verbessern und auf diese Weise vorteilhafte biologische Wechselwirkungen und Synergien zwischen verschiedenen Komponenten der Agrobiodiversität auszunutzen. Gängige Prinzipien der Agrarökologie seien das Recycling von Nährstoffen und Energie innerhalb des landwirtschaftlichen Betriebes (statt der Nutzung externer Inputs), die Integration von Ackerbau und Viehwirtschaft, die Diversifizierung genetischer Ressourcen über Raum und Zeit, und die Betrachtung der Produktivität des gesamten landwirtschaftlichen Systems anstelle der Fokussierung auf die Hektarerträge von einzelnen Sorten (vgl. de Schutter 2010). Agrarökologie ist stark wissensbasiert und beruht auf Techniken, die nicht ›von oben‹ verordnet werden, sondern aus einer Kombination des Wissens der Landwirte und experimenteller Ergebnisse bestehen. Die agrarökologische Praxis besteht in einer Diversifizierung sowohl der Aufgaben im landwirtschaftlichen Betrieb als auch der Artenvielfalt (vgl. de Schutter 2012).

In seinem Bericht an die 16. Sitzung des Menschenrechtsrates der Vereinten Nationen hob de Schutter hervor, dass dieses Recht entweder erfordert, sich durch eigene Produktion ernähren zu können, was den Zugang zu Land und Ressourcen wie Saatgut einschließt, oder die Möglichkeit, essen zu kaufen, was bedeutet, dass die Nahrung verfügbar und erschwinglich sein und den (kulturellen und biologischen) Bedürfnissen entsprechen muss (vgl. de Schutter 2010). Dafür formulierte er drei Ziele, die unsere künftigen Ernährungssysteme gewährleisten müssen:

1. Eine Steigerung der für die Menschheit verfügbaren Nahrungsmenge um etwa 70 Prozent bis zum Jahr 2050 (was nicht ausschließlich durch eine Steigerung der Produktion erreicht werden muss), um sowohl der demographischen Entwicklung als auch der Veränderung der Ernährungsgewohnheiten Rechnung zu tragen.[55]

---

55 Ein Teil der 70-prozentigen Steigerung der verfügbaren Nahrungsmenge könnte durch Verlustsenkung und durch eine Verringerung des Kraftfutteraufwandes für die Fleisch- und Milchproduktion erreicht werden. Für Kraftfutter werden derzeit 50 % der globalen Getreideproduktion verwendet, was dem Kalorienbedarf von 3,5 Milliarden Menschen entspricht. Prognosen zufolge wird der globale Pro-Kopf-Verbrauch an Fleisch weiter ansteigen (von 37,4 kg im Jahr 2000 auf ca. 52 kg im Jahr 2050). Derzeit gibt es Ernteverluste von 20-40 % des Gewachsenen und Lagerverluste von 12 % des Geernteten. Hinzu kommt das Wegwerfen von Lebensmitteln (vgl. Hoering 2012, Kreutzberger und Thurn 2011) – Ausdruck der Verfasstheit der kapitalistischen Industriegesellschaft.

2. Eine Steigerung des Einkommens kleinbäuerlicher Familien. De Schutter verweist darauf, dass der derzeitige Hunger in der Welt nicht auf eine ungenügende globale Nahrungsmenge zurückzuführen ist, sondern vor allem auf die Armut von Teilen der ländlichen Bevölkerung in den Ländern des Südens. Insofern sei die Steigerung der Einkommen der Ärmsten die beste Methode zur Bekämpfung des Hungers.
3. Die Zukunftsfähigkeit der Landwirtschaft, was den Erhalt bzw. die Restaurierung von Böden, die Reduzierung des landwirtschaftlichen Wasserverbrauchs, die Reduzierung bzw. Vermeidung künftiger Biodiversitätsverluste sowie klimaschonende Produktionsmethoden und eine Nahrungsmittelproduktion bedeutet, die Elastizität gegenüber Klimaveränderungen besitzt.

In diesem Zusammenhang beklagt de Schutter, dass sich in der Vergangenheit die Forschung in der Pflanzenproduktion auf die Verbesserung von Saatgut für industrielle Produktionsmethoden konzentrierte und dass die Bewertung des Erfolgs landwirtschaftlicher Entwicklung auf einer linearen Beziehung zwischen Input und Output basiere.

Das Potenzial, durch agrarökologische Methoden sowohl die Ernährung zu sichern als auch die Einkommen armer bäuerlicher Familien zu steigern, wurde inzwischen vielfach nachgewiesen. Die Ausdehnung einer industriellen Landwirtschaft auf Basis von Hybridsaatgut, chemischen Inputs und ggf. Gentechnik, wie sie im Zusammenhang mit dem Land Grabbing erfolgt – steht dieser Entwicklung frontal gegenüber.

Zwei ›Meta-Analysen‹ (zusammenfassende Auswertungen einer Vielzahl einzelner Studien) sollen hier näher betrachtet werden, um eine Vorstellung zu vermitteln, was sich mit agroökologischem Anbau in den Ländern des Südens erreichen lässt. Die Lobby der Agrarindustrie scheint solche Publikationen zu scheuen wie der Teufel das Weihwasser. Ähnlich wie bei Gentechnik-kritischen Veröffentlichungen üblich, wurden einige dieser Meta-Analysen sofort mit ›Briefen an den Herausgeber‹ bedacht (vgl. Phalan u.a. 2007, Cassman 2007, Hendrix 2007). Wie an anderer Stelle bereits beschrieben, werden dann später diese Diskreditierungsversuche zitiert, ohne die fundierten Erwiderungen der AutorInnen (vgl. Pretty u.a. 2007, Badgley und Perfecto 2007) zu berücksichtigen, sodass die ursprünglichen Veröffentlichungen als scheinbar diskreditiert im Raum stehen bleiben.

Pretty u.a. (2006) verglichen die Erträge von agrarökologischem gegenüber konventionellem Anbau von 360 Experimenten, die sowohl Parallelvergleiche als auch Vorher-Nachher-Vergleiche (d.h. vor und nach Umstellung auf agrarökologische Verfahren) umfassten. Sie konzentrierten sich dabei bewusst auf erfolgreiche Projekte (was ihnen später zum Vorwurf gemacht wurde), weil sie das Steigerungspotenzial agrarökologischen Anbaus veranschaulichen wollten. Allein die Zahl von Hunderten erfolgreicher Projekte ist beeindruckend und ein lebendiger Beweis für das Potenzial agrarökologischer Methoden. Über alle drei Kontinente des globalen Südens und acht verschiedene Anbausysteme hinweg ermittelten Pretty u.a. (2006) einen durchschnittlichen Mehrertrag von 79 Prozent bei Anwendung agrarökologischer Verfahren (bzw. 64 Prozent, wenn das mathematisch angemessenere geometrische Mittel zu Grunde gelegt wurde). Insgesamt waren etwa 12,6 Millionen BäuerInnen an den Versuchen beteiligt, die eine Fläche von 37 Millionen Hektar umfassten. Ein wichtiger Befund war auch die Zunahme agrarökologisch bewirtschafteter Flächen im Zeitverlauf – ein Ausdruck der Akzeptanz. Die Zunahme wurde anhand von 68 zufällig ausgewählten Projekten bewertet, die vier Jahre nach der ersten Datenerhebung erneut besucht wurden. Die Zahl der agrarökologisch wirtschaftenden BäuerInnen hatte sich innerhalb dieser Zeit von 5,3 Millionen auf 8,3 Millionen erhöht und die so bewirtschaftete Fläche von 12,6 auf 18,3 Millionen Hektar. Dieser Befund widerlegt im wahrsten Sinne des Wortes millionenfach das Argument von UnterstützerInnen bzw. VertreterInnen der Agrarindustrie wie Collier (2011) und Hendrix (2007), dass Agrarökologie das romantische Hirngespinst einer städtischen Mittelschicht sei, die in Spezialverkaufsstellen Luxusgüter erwerben.

Badgley u.a. (2007) analysierten 293 Studien, in denen das Ertragspotenzial agrarökologischen und konventionellen Anbaus miteinander verglichen wurden, teils in Experimenten auf Versuchsstationen, teils in Feldstudien. Die AutorInnen dieser Meta-Analyse waren vor allem an der Frage interessiert, ob die Welt – theoretisch – mit dem jetzigen Stand des Wissens und der Verfahrensentwicklung agrarökologisch ernährt werden könnte. Ein wesentliches Motiv ihrer Untersuchung war die häufig wiederholte Behauptung der Agrarindustrielobby, dass sich die Zahl der Hungernden bei Umstellung auf agrarökologischen Anbau vergrößern würde. Sie berechneten die Ertragsquotienten der 293 Studien, getrennt für tierische und pflanzliche Produkte und für die Länder des globalen Nordens und Südens. Ein Quotient von kleiner als Eins war ein Beleg für höhere Erträge bei konventionellem Anbau. Umgekehrt brachte ein Quotient zum Beispiel von 1,2 eine 20prozentige Ertragsüberlegenheit des agrarökologischen Verfahrens zum Ausdruck. Das durchschnittliche Ergebnis war für pflanzliche und tierische Produkte sehr ähnlich, für den Norden verglichen mit dem Süden allerdings sehr unterschiedlich. Für die >entwickelten< Länder lag der Ertragsquotient bei 0,914 für pflanzliche und bei 0,922 für tierische Produkte, d.h. durchschnittlich eine neun- bzw. achtprozentige Ertragsüberlegenheit des konventionellen Anbaus. Für die >Dritte Welt< wurden durchschnittliche Ertragsquotienten von 1,736 für pflanzliche und 1,802 für tierische Produkte ermittelt, also eine 70 bis 80-prozentige Ertragsüberlegenheit bei agrarökologischem Anbau. Die Werte für ausgewählte Produktgruppen sind in Tabelle 5 aufgelistet.

Aus den gewonnenen Erkenntnissen schlussfolgerten Badgley u.a. (2007), dass das Ertragspotenzial bei agrarökologischem Anbau mit den heute verfügbaren Verfahren im Prinzip ausreichen würde, um den Hunger insbesondere dort zu beseitigen, wo die größte Zahl hungernder Menschen lebt. Man könnte darüber spekulieren, wie die weitere Entwicklung und Verbreitung agrarökologischer Verfahren aussehen könnte. Wenn dafür ausreichend Mittel zur Verfügung stünden, wäre der Ausblick auf 2050 durchaus vielversprechend. In diese >Spekulation< müssten weitere Aspekte einfließen, denn es geht nicht nur um den Vergleich von Hektarerträgen, sondern auch um die einsetzende Bodenmüdigkeit nach jahrzehntelangem Einsatz von chemischem Dünger, um die Wasser- und Energieeffizienz der unterschiedlichen Produktionsverfahren und um die inverse Beziehung zwischen Produktivität und Betriebsgröße.

Die Folgen des massiven Einsatzes von synthetischem Dünger machen sich seit einigen Jahren in Indien und China, den Vorzeigeländern der grünen Revolution, nicht nur durch die Zerstörung der Umwelt, sondern auch durch Ertragsstagnation bzw. -rückgänge bemerkbar. Auch der Wassermangel nimmt zu. Heute werden etwa 70 Prozent des aus Flüssen entnommenen Wassers in der Landwirtschaft verbraucht (vgl. CAWMA 2007) und es leiden 1,2 Milliarden Menschen unter Mangel an physisch verfügbarem Wasser (fehlenden ökonomischen Zugang noch gar nicht mitgerechnet), eine Zahl die sich Schätzungen zufolge bis 2050 auf 2,6 Milliarden erhöhen wird (vgl. de Fraiture u.a. 2007). Das unterstreicht die Bedeutung einer effizienten Ausnutzung des Wassers, insbesondere des Regenwassers durch die Pflanzen, unter anderem, um bessere Erträge auch ohne künstliche Bewässerung zu erreichen. Für eine Reihe wichtiger Komponenten agrarökologischen Wirtschaftens liegt auf der Hand, dass sich durch sie auch die Wasserausnutzung verbessert. Dazu zählen schattenspendende Bäume im

Tabelle 5

Ertragsquotienten für biologischen/konventionellen Anbau bei
verschiedenen Produktgruppen

| Kategorie | Im globalen | | | |
| | Norden | | Süden | |
	N	Quotient	N	Quotient
Getreide	69	0.928	102	1.573
Stärkepflanzen	14	0.891	11	2.697
Leguminosen	7	0.816	2	3.995
Ölpflanzen	13	0.991	2	1.645
Gemüse	31	0.876	6	2.038
Früchte	2	0.955	5	2.530
Alle Pflanzen	136	0.914	128	1.736

Bei einem Quotient von kleiner als eins ist konventioneller Anbau ertragreicher und umgekehrt. N = Zahl der berücksichtigten Vergleichsstudien; Quelle: Badgley u.a. (2007).

Rahmen der Agrarforstwirtschaft, die Erhöhung des Humusgehalts und das Mulchen.

Raina (2010) verweist auf dramatische Zahlen, was die Energieeffizienz agrarökologischer Anbauverfahren im Vergleich zur konventionellen Produktion anbetrifft. Nach ihren Angaben können mit jeder Kilokalorie, die bei agrarökologischen Produktionsverfahren verbraucht werden, vier bis 15 Kilokalorien Nahrung produziert werden. Im Gegensatz dazu werden durch die industrielle Landwirtschaft zwischen 10 und 20 Kilokalorien verbraucht, um eine Kilokalorie Nahrung zu erzeugen. Ob derart große Unterschiede in den Ländern des Südens die Regel sind oder Extremfälle darstellen, sei dahin gestellt. Fakt ist, dass es selbst in gemäßigten Breiten einen deutlichen Unterschied in der Energieeffizienz zugunsten der Agrarökologie gibt, wie zum Beispiel dänische Untersuchungen belegen (vgl. Dalgaard 2001). Auch die Meta-Analyse von Gomiero und Paoletti (2008), die 16 verschiedene Studien berücksichtigt, zeigt – auf den Ertrag bezogen – eine um 15-45 Prozent energieeffizientere Produktion bei agrarökologischem Anbau. Diese Analyse bezieht sich wiederum ausschließlich auf Produktionssysteme in den Ländern des Nordens.

Die inverse Beziehung zwischen Betriebsgröße und Produktivität, das heißt, dass kleine Betriebe bei halbwegs vergleichbarem Ressourcenzugang produktiver sind als große, ist der Agrarindustrie schon lange ein Dorn im Auge. Dementsprechend wiederholen sich die Versuche, diesen gut dokumentierten Befund entweder rundweg in Abrede zu stellen (»Ich stelle die Korrektheit der Feststellung, dass kleine Betriebe eine höhere Produktion pro Flächeneinheit haben als große, infrage«, Hendrix 2007, S.85) oder auf subtilere Art anzuzweifeln. Vor nicht allzu langer Zeit behaupteten Collier und Dercon (2009), dass es für Afrika nur eine Handvoll sorgfältiger Studien zu dieser inversen Beziehung gäbe und dass einige Untersuchungen das Gegenteil zeigten. Das Phänomen ist seit 1926 bekannt, als es von Alexander Tschajanow im Zusammenhang mit Lenins ›Neuer Ökonomischer Politik‹ in der Sowjetunion bemerkt wurde (vgl. Tschajanow 1987). Im Jahr 1962 beschrieb der Nobelpreisträger Armatya Sen erneut dieses Phänomen, das im Laufe der Jahre immer wieder in Afrika, Asien und Lateinamerika beobachtet wurde (vgl. Barrett u.a. 2010). Gelegentlich wurde versucht, diese Beobachtung als Messfehler zu disqualifizieren – die fehlende Berücksichtigung von Unterschieden in der Bodenqualität bzw. zu klein geschätzte Betriebsflächen. Beide Erklärungsversuche erwiesen sich als falsch. Barrett u.a. (2010) ergänzten eine auf Madagaskar durchgeführte Studie durch 234 chemische Bodenanalysen und wiesen nach, dass Unterschiede in der Bodenqualität keinen Anhaltspunkt für die ermittelten Produktivitätsunterschiede boten.

In diesem Jahr erschien eine sehr umfangreiche Studie zu den vermuteten Schätzfehlern bei der Ermittlung der Betriebsgrößen. Typischerweise werden für Produktivitätsuntersuchungen die Flächenangaben der Eigentümer verwendet. Diese können insbesondere in den Ländern des Südens, wenn Katasterangaben fehlen oder falsch sind, mit Ungenauigkeiten behaftet sein. Wenn also die KleinbäuerInnen ihre Fläche kleiner angeben als sie tatsächlich ist, entsteht eine Verzerrung zugunsten höherer Produktivität.[56] Carletto u.a. (2013) standen die Angaben zu Produktion und Betriebsgröße (Eigenangabe) von 2.860 BäuerInnen in Uganda zur Verfügung. Zusätzlich hatten sie zu allen Flächen die GPS-Daten und konnten so die Korrektheit der Eigenangaben überprüfen. Wie sich herausstellte, lag tatsäch-

---

56 Aus Mexiko ist allerdings bekannt, dass die Flächen im Kataster eher größer angegeben sind als in der Realität, um so den Anspruch klein zu rechnen, der sich für die BäuerInnen aus der Bodenreform ergibt (vgl. Pedersen 2008, S. 43/44).

lich ein systematischer Fehler bei den Eigenangaben vor, allerdings nicht so, dass sich dadurch die inverse Beziehung zwischen Produktivität und Betriebsgröße verringert oder aufgehoben hätte. Im Gegenteil, sie wurde verstärkt, denn BäuerInnen mit den kleinsten Flächen tendierten dazu, ihre Fläche zu überschätzen, während BäuerInnen mit mehr Betriebsgröße ihre Fläche unterschätzten. Im Ergebnis kamen bei den kleinsten Betrieben mit durchschnittlich 0,3 Hektar Fläche nach Korrektur nochmals 28 Prozent an Produktivität hinzu, während bei größeren Betrieben (durchschnittlich 4,2 Hektar) 30 Prozent abgezogen werden mussten. Die BäuerInnen der in der Mitte liegende Größenklasse (durchschnittlich 1 Hektar) hatten nur sieben Prozent Abweichung.

Aus marktwirtschaftlicher Perspektive wird die höhere Produktivität kleinerer Flächen als >Marktverzerrung< bezeichnet, wenn die höhere Produktivität darauf zurückzuführen ist, dass mehr Arbeit in die Fläche gesteckt wird. Hier geht es jedoch darum, welches landwirtschaftliche Modell besser geeignet ist, eine wachsende Weltbevölkerung zu ernähren. Aus dieser Perspektive sollte dies eher als Korrektiv denn als Verzerrung bezeichnet werden.

De Schutter (2010) beschrieb unter anderem folgende drei Merkmale agrarökologischen Wirtschaftens:

1. Agrarökologische Anbaumethoden sind wissensintensiv. Sie verbreiten sich nicht von selbst, sondern erfordern die Vermittlung von Wissen in einer Intensität und (geographischen) Dichte, die ausreichend sein muss, um mit alten Gewohnheiten zu brechen. Darüber hinaus werden in der Anfangsphase zusätzliche Ressourcen benötigt, die sich jedoch später selbst reproduzieren, sodass in künftigen Jahren die Abhängigkeit von (staatlich zur Verfügung gestellten) externen Inputs minimiert werden kann. Von einem agrarökologischen Pilotprojekt bis zu seiner breiten Anwendung vergehen oft anderthalb Jahrzehnte.

2. Agrarökologische Anbaumethoden sind arbeitsintensiv, was jedoch eingedenk der fehlenden Beschäftigungsmöglichkeiten in vielen ländlichen Regionen des globalen Südens eher als Vorteil anzusehen ist, sofern sich die Arbeitsspitzen der agrarökologischen Techniken nicht mit den Arbeitsspitzen der anderen landwirtschaftlichen Aktivitäten überschneiden.

3. Agrarökologische Anbaumethoden sind mit einer Diversifizierung der Produktion (Pflanzen und Tiere) verbunden, was mit einer größeren Vielfalt der Ernährung ebenso einhergeht wie mit einer größeren Stabilität der Produktion gegenüber äußeren Einflüssen.

Eine Verbesserung der Einkommen durch agrarökologischen Anbau lässt sich einerseits durch die Kostensenkung infolge der Reduzierung bzw. Vermeidung des Zukaufs externer Inputs (Dünger, Pestizide) erreichen und andererseits – wie oben geschildert – durch eine Steigerung des Gesamtprodukt im kleinbäuerlichen Familienbetrieb. Für arme KleinbäuerInnen besteht das erste Ziel in einer subsistenzwirtschaftlichen Deckung des Grundbedarfs, sodass die Vorräte bis zur nächsten Ernte reichen, ohne dass Lebensmittel zugekauft werden müssen. Ein solcher Zukauf ist für viele subsaharischen SubsistenzbäuerInnen in den letzten Wochen bis Monaten vor der nächsten Ernte notwendig. Der nächste Schritt wäre dann die Erzielung zusätzlichen Einkommens durch eine Überschussproduktion, die zum Beispiel regional vermarktet werden würde. Wie aus dem Länderbeispiel Malawi gegen Ende des Buches herauszulesen ist, scheitert dies aber ggf. an zu geringen Betriebsgrößen aufgrund von Landungerechtigkeiten.

Für den Schritt zur (regionalen) Vermarktung von Produktionsüberschüssen werden zusätzliche Ressourcen benötigt. Das betrifft vor allem Transportwege und -mittel zur Erreichung lokaler Märkte, Lagermöglichkeiten für die Ernteprodukte und gegebenenfalls Verarbeitungsstätten (Fleisch, Milch).

Nationale Regierungen und Institutionen der Entwicklungszusammenarbeit sollten sich genau hier in der Pflicht sehen, nämlich
– bei der Stärkung basisdemokratisch organisierter, zivilgesellschaftlicher Strukturen, nicht als neoliberaler Ersatz, sondern als Korrektur- und Kontrollmechanismus staatlichen Handelns sowie
– bei der Schaffung der notwendigen Infrastruktur zur Etablierung und Stärkung lokaler und regionaler Märkte, nicht zum Abtransport des Produzierten in Richtung Übersee.
– Bei der Unterstützung eines gleichberechtigten Wissensaustauschs zwischen kleinbäuerlichen Gemeinschaften, NGOs und akademischen Einrichtungen.

Derartige Maßnahmen werden in Policy-Dokumenten der internationalen Entwicklungszusammenarbeit wie zum Beispiel dem *Interagency Report* (2012) bestenfalls in verschwommener Form erwähnt, aber in der Praxis nicht durchgesetzt.

Fallbeispiele

Auch wenn Agrarökologie eingangs als integratives System charakterisiert wurde, dass sich nicht auf den einfachen Verzicht auf chemische Inputs beschränkt, sondern auch Recycling, Partizipation, Ernährungssouveränität usw. beinhaltet, werden nachfolgend hauptsächlich einzelne agrarökologische Komponenten beschrieben, die dann schrittweise in komplexere agrarökologische Systeme transformiert werden müssen. Dies geschieht in der Absicht zu illustrieren, was mit agrarökologischen Anbauverfahren in den Ländern des Südens erreicht werden kann, und um zu zeigen, dass es nicht gerechtfertigt ist, diese Anbauverfahren als >Niedrigertragslandwirtschaft< (vgl. Phalan u.a 2011b) abzutun.

Am Beispiel der Leguminosen wird außerdem geschildert, wie mit Politik-Instrumenten und >Entwicklungshilfe< versucht wird, agrarökologisch wirtschaftende KleinbäuerInnen in die Abhängigkeit von Saatgutfirmen zu bringen.

Das agrarökologische System der Reisintensivierung (SRI)

Reis ist das wichtigste Grundnahrungsmittel für mehr als die Hälfte der Weltbevölkerung. Die Weltproduktion beläuft sich derzeit auf etwa 680 Millionen Tonnen pro Jahr (vgl. FAO 2012). Doch stehen bei Weitem nicht allen ReisbäuerInnen die teuren Hochertragssorten und die dazu gehörigen Inputs zur Verfügung, um Erträge von 6,5 bis 7,5 Tonnen pro Hektar zu erzielen, wie sie in China, Japan und den USA üblich sind. Auch stellt sich die Frage nach der mittel- bis langfristigen Zukunft diese Art von Reisanbau, die auf den Prinzipien der Grünen Revolution basiert. Doch es gibt eine agrarökologische Alternative die unter dem Namen >System der Reis-Intensivierung< (SRI) bekannt wurde und inzwischen in rund 50 Ländern aller drei Südkontinente auf geschätzten fünf Millionen Hektar von etwa 3-4 Millionen BäuerInnen angewendet wird (vgl. Kassam und Brammer 2013a).

SRI wurde in der zweiten Hälfte der 1990er Jahre nach zwei Jahrzehnten des Experimentierens auf Madagaskar eingeführt. Das System besteht aus vier Komponenten (Tabelle 6), die aber häufig nur teilweise angewendet werden, was zu einer großen Variabilität bei den erzielten Ertragszuwächsen und zu einer Kontroverse hinsichtlich der Bewertung des Verfahrens geführt hat. Es steht jedoch außer Frage, dass SRI die Erträge steigert. Wie auch bei anderen Fruchtarten beobachtet, ist der Effekt bei niedrigem

Tabelle 6

Das System der agrarökologischen Reis-Intensivierung (SRI)

Das komplette System besteht aus den in der Tabelle beschriebenen Komponenten (vgl. Noltze u.a. 2013, Uphoff 2003).

Anbaukomponente	Konventionell	SRI
Alter bei Verpflanzung der Sämlinge	3-4 Wochen, manchmal später	8-12, maximal 14 Tage unter Vermeidung von Austrocknung – dadurch Verringerung des ›Verpflanzungsschocks‹ und Förderung der Bildung von Schößlingen
Zahl der Sämlinge pro Hügel	3-4, bisweilen mehr	Normalerweise 1, bei schlechtem Boden 2, Förderung Bewurzelung und der Bildung von Schößlingen
Abstand zwischen den Sämlingen	10-20 cm Reihenabstand, 50-100 Pflanzen pro m²	25 x 25 cm, 6-9 Pflanzen pro m², die geringe Dichte bietet den Pflanzen mehr Sonne und Luft
Wassermanagement	Kontinuierliche Flutung, 10-20 cm Wassertiefe während der gesamten Wachstumsperiode	Kontrollierte Bewässerung, so dass der Boden immer feucht ist, ggf. abwechselnd fluten und trocknen lassen
Unkrautbekämpfung	Durch Flutung, zusätzlich chemisch, manuell oder mechanisch	Mechanisch (notfalls manuell) mit Cono Weeder*; bis zu viermal, beginnend 10-12 Tage nach Pflanzung
Düngung	Synthetischer Dünger	Kompost empfohlen

* Für die mechanische Unkrautbekämpfung wurde in Indien der sogenannte *Cono Weeder* (Kostenpunkt umgerechnet ca. 20,- EUR, http://www.agriculture-implement.com/cono-weeders.html) entwickelt, eine ›rotierende Hacke‹, mit der die Reihen entlang gefahren wird, wobei simultan der Boden aufgelockert und das Unkraut entfernt wird.

Tabelle 7

Erträge und Ertragsquotienten für das System der agrarökologischen Reis-Intensivierung; Quelle: Uphoff (2003)

Land	N	Konv. (t/ha)	Ökol. (t/ha)	Quotient Ök : Konv.
Bangladesch	10	4,9	6,3	1,28
China	7	10,9	12,4	1,14
Indonesien	7	5,0	7,4	1,48
Madagaskar	14	2,6	7,2	2,77
Philippinen	5	3,0	6,0	2,00
Sri Lanka	8	3,6	7,8	2,17
Gesamt (ungewichtetes Mittel)	5,0	7,8	1,56	

Ausgangsniveau in der Regel größer, ein Tatbestand, der ressourcenarmen KleinbäuerInnen entgegenkommt (Tabelle 7).

In einigen Fällen wurden extreme Ertragssteigerungen erzielt, was die SRI-Skeptiker auf den Plan rief, die die von Stoop u.a. (2002) beschriebenen Spitzenerträge von 15 Tonnen je Hektar auf Madagaskar massiv in Zweifel zogen (vgl. z.B. Sumberg u.a. 2013). Inzwischen wurde dieses Ernteergebnis mit einem Ertrag von 22,4 Tonnen je Hektar sogar noch überboten, und zwar unter streng kontrollierten Bedingungen, beaufsichtigt von der zuständigen Landwirtschaftsbehörde des indischen Bundesstaates Bihar (vgl. Kassam / Brammer 2013b). Bei diesem Versuch wurde außerdem das Trockengewicht bestimmt, um Spekulationen über eine Verfälschung des Resultats durch einen zu hohen Wassergehalt in den Reiskörnern den Wind aus den Segeln zu nehmen. Bezogen auf das Trockengewicht belief sich der Ertrag auf 20,2 Tonnen pro Hektar.

Ähnlich, wie die ›Entdecker‹ der Maya-Pyramiden eine Zeit lang nach außerirdischen Erklärungen für deren Entstehung suchten, weil sie es für unmöglich hielten, dass ›Indios‹ solche Bauwerke errichteten, scheinen manche AgrarwissenschaftlerInnen ein Problem mit der Vorstellung zu haben, dass KleinbäuerInnen mit agrarökologischen Anbauverfahren derart hohe Reiserträge erzielen können. Doch inzwischen gibt es auch pflanzenphysiologische Erkenntnisse, die den SRI-Ertragsvorteil erklären: Dazu zählt ein höherer Chlorophyllgehalt bei Reispflanzen, die unter dem SRI-Regime angebaut werden (vgl. Thakur u.a. 2009), was zur besseren Umwandlung von Sonnenenergie in die im Reiskorn gespeicherte Energie beiträgt.

Meist liegt der Mehrertrag jedoch nur bei 20 bis 60 Prozent (vgl. Noltze u.a. 2013, Palanisami u.a. 2013, Thakur u.a. 2009), was teils auf die unvollständige Anwendung des in seiner Gänze arbeitsaufwendigen Systems und teils auf für SRI ungeeignete lokale Bedingungen (z.B. zu starkes Gefälle der Anbaufläche) zurückzuführen ist. Aber selbst Doberman (2004), der den SRI-KritikerInnen als Kronzeuge dient, räumt ein, dass für KleinbäuerInnen, die arme Böden mit wenigen Ressourcen bewirtschaften müssen, SRI als Verfahren zur Ertragssteigerung geeignet ist. Das wird dann allerdings von den SRI-KritikerInnen ausgeblendet, wenn sie sich auf Doberman beziehen. Hinzu kommt ein geringerer Saatgutbedarf, der sich aus der Art und Weise der Pflanzung ergibt. Auf SRI trifft in besonderem Maße zu, was ganz allgemein für agrarökologische Methoden gilt, nämlich, dass sie wissensintensiv sind. »Eine erfolgreiche Anwendung von SRI ist trainingsintensiv und hat einen wirksamen Beratungsdienst zur Voraussetzung«, schreiben auch Noltze und Mitautoren (2013, S.60). Werden die BäuerInnen in der Periode der Einführung des Verfahrens ungenügend unterstützt, stellen sich Misserfolge ein und die Betroffenen kehren ggf. zu den alten Verfahren zurück.

Dabei weist SRI neben den Mehrerträgen weitere Vorteile auf. Angesichts der zunehmenden Wasserknappheit ist die 20-30-prozentige Wassereinsparung, die mit SRI typischerweise erreicht wird, ein immenser Vorteil (vgl. Kassam / Brammer 2013a). Denn während bei anderen Fruchtarten zur Erzielung höhere Erträge mehr Wasser verbraucht wird, werden hier zeitgleich die Erträge erhöht und Wasser eingespart. Ferner führt in Bangladesch, wo das Grundwasser der tieferen Bodenschichten einen hohen natürlichen Arsengehalt aufweist, die intermittierende Bewässerung der Reisfelder unter SRI zu einer Reduzierung der Arsenbelastung von Ackerkrume und Reis (vgl. Brammer 2009).

Mais in Afrika

Vorbemerkung: Dieser Abschnitt konzentriert sich auf Mais, weil Mais in vielen afrikanischen Ländern das wichtigste Grundnahrungsmittel darstellt und deshalb zahlreiche vergleichende Ertragsversuche vor allem mit dieser Feldfrucht durchgeführt wurden. Die beschriebenen agrarökologischen Methoden sind aber genauso relevant für andere Kulturen wie Hirse und Sorghum.

In Afrika gibt es Mais seit dem 16. Jahrhundert, wo er, aus Amerika transferiert, zunächst in westafrikanischen Küstenbereichen als Proviant für Sklaven angebaut wurde. Als dann in der zweiten Hälfte des 19. Jahrhundert die kolonialen Eroberer aus England, Frankreich, Portugal und Deutschland große Teile Afrikas unter ihre Kontrolle brachten, war der Mais schon längst bis tief ins Innere des Kontinents vorgedrungen (vgl. Kaller-Dietrich 2000). Heute stellt er das wichtigste Grundnahrungsmittel im südlichen und östlichen Afrika dar. Er wird in Malawi auf 70 Prozent, in Simbabwe und Sambia auf 60 Prozent und in Kenia und Tansania auf nahezu 50 Prozent der verfügbaren landwirtschaftlichen Nutzfläche angebaut (vgl. Akinnifesi u.a. 2010). Im Rahmen der traditionellen Wanderfeldwirtschaft blieb das mit Mais bestellte Land anschließend bis zu 15 Jahre brachliegen (vgl. Juo u.a. 1995). Im Laufe der Zeit verkürzten sich die Brache-Perioden jedoch immer mehr (siehe Kasten).[57]

Ertragsrückgänge sind unvermeidlich, wenn Mais ohne zusätzliche (organische oder anorganische) Inputs öfter als zweimal hintereinander angebaut wird (vgl. Hauser u.a. 2006). Experimente mit kontinuierlichem Maisanbau ohne zusätzliche Inputs zeigten, dass sich die Erträge innerhalb von 14 Jahren von ursprünglich 2 Tonnen auf 500 kg pro Hektar reduzierten (vgl. Akinnifesi u.a. 2007). Dies trug dazu bei, dass die Pro-Kopf-Produktion von Nahrungsmitteln in Afrika insgesamt von 1970 bis 2000 um fast 20 Prozent sank. Durch den Bevölkerungszuwachs und die weiteren im nachstehenden Kasten genannten Ursachen verringerten sich die Betriebsgrößen sukzessive, sodass heute 80 Prozent der BäuerInnen weniger als zwei Hektar bewirtschaften. Durch die Hinzugewinnung neuer Flächen wurde ein noch stärkeres Schrumpfen teilweise abgepuffert. Doch während die insgesamt kultivierte Fläche Jahr für Jahr wuchs, stagnierte der Durchschnittsertrag für Mais im subsaharischen Afrika seit 1960 bei etwa einer 1 Tonne pro Hektar und liegt bei anderen Körnerfrüchten zum Teil noch niedriger (vgl. Garrity u.a. 2010). Will man diesen Prozess aufhal-

---

57 In unseren Breiten war es vom 12. bis zum 18. Jahrhundert üblich, dem Boden durch Brache zu ermöglichen, sich zu regenerieren. Das klassische Anbausystem jener Zeit, war die Dreifelderwirtschaft. Einer einjährigen Brache, während der das Feld als Weide genutzt wurde, folgte die Bebauung mit Wintergetreide und ein Jahr später mit Sommergetreide, um dann zur Brache zurückzukehren. Durch die Integration des Kartoffelanbaus in die Fruchtfolge verschwand die Brache im 18. Jahrhundert aus dem Anbausystem.

Landverknappung – Ursache für das Schrumpfen der Brache-Perioden

Für die inzwischen drastisch reduzierten Brache-Perioden bzw. deren völligen Wegfall gibt es eine ganze Reihe von Ursachen. Der ultimative Grund ist zweifelsohne die Landverknappung, die ihrerseits auf eine Vielzahl sich summierender Faktoren zurückzuführen ist. Ein wichtiger, aber bei weitem nicht der einzige, wenngleich oftmals allein genannte Grund ist das Bevölkerungswachstum.[1] Beispielsweise wuchs die Bevölkerung in Malawi von innerhalb von 20 Jahren (von 1990 bis 2010) um über 50 Prozent, liegt aber derzeit mit 134 EinwohnerInnen pro Quadratkilometer immer noch deutlich unter der Bevölkerungsdichte von Deutschland (225 EinwohnerInnen/km²).

In einigen afrikanischen Ländern kommen kolonial entstandene Landkonzentrationen hinzu, die nach dem Ende der Kolonialzeit unangetastet blieben. Diese Landungerechtigkeiten wurden und werden durch neokoloniale Landumverteilungen ergänzt, zu denen in der jüngeren Geschichte das Naturschutz Grabbing und verstärkt seit 2008 das Land Grabbing gehören. Als ein konkretes Beispiel für die sukzessive, durch Naturschutzmaßnahmen verursachte Verkleinerung der verfügbaren landwirtschaftlichen Nutzfläche sei an dieser Stelle das Benet-Umsiedlungsareal am Rande des *Mount Elgon* Nationalparks in Uganda erwähnt. Nachdem in den 1980er Jahren 30.000 Menschen auf diese Fläche zwangsumgesiedelt worden waren, wurde das Areal im Jahr 1992 willkürlich von 7.500 auf 6.000 Hektar verkleinert (vgl. Pedersen 2008, S.37/38). Der auf der Biodiversitätskonferenz im Oktober 2010 in Nagoya verabschiedete Plan, die globale Naturschutzfläche von derzeit 12 Prozent auf 17 Prozent auszudehnen, verheißt nichts Gutes, denn es ist zu erwarten, dass die bei ausreichend langen Brache-Perioden eigentlich nachhaltige Wanderfeldwirtschaft weiter zurückgedrängt wird.

›Modernes‹ Land Grabbing gab es schon vor 2008. Ein Beispiel ist die *Kaweri*-Plantage in Uganda, die dem Hamburger Kaffeekonzern Neumann gehört. Im Jahr 2001 ließ Ugandas Präsident Yoweri Museveni 2.000 Menschen vom Militär vertreiben, um die Etablierung dieser 2.500 Hektar großen Plantage zu ermöglichen. Dass dies nach zwölfjährigen juristischen Bemühungen als rechtswidrig verurteilt wurde, ist eine späte, aber aufgrund der näheren Umstände unvollkommene Genugtuung (vgl. Schwab 2012).[2]

---

1 In diesem Zusammenhang sei an die Doppelzüngigkeit der westlichen Welt erinnert, deren einer Teil die »Bevölkerungsexplosion« beklagt und deren anderer Teil, die katholische Kirche, ihren Angehörigen die simpelsten Hilfsmittel bei der Familienplanung untersagt. Hinzu kommt die scheinheilige Bevölkerungspolitik der westlichen Länder, die aufgrund des Bevölkerungsrückgangs (des ›Fachkräftemangels‹) seit eh und je qualifizierte Menschen aus dem Süden abschöpfen und zugleich MigrantInnen illegalisieren.

2 Nach einem jahrelangen, von FIAN begleiteten Prozess wurde den Vertriebenen am 28.3.2013 schließlich eine Entschädigung zugesprochen (FIAN 2013).

Aber nicht nur in Uganda, sondern auch in anderen Ländern hat der Anbau von Cash Crops Konjunktur, was zur Landverknappung beiträgt. Allen voran ist die Produktion von Agrotreibstoffen zu nennen, welche zu über einem Drittel hinter den großflächigen Landgeschäften stecken. Ein weiteres erwähnenswertes Beispiel ist die Ausdehnung der Schnittblumenproduktion, die laut FAO-Angaben im Jahr 2010 in Kenia 3.400 Hektar und in Äthiopien knapp 1.600 Hektar beanspruchte. So kommt eines zum anderen. Landverknappung lässt sich also nicht auf die einfache Formel >Mehr Menschen = weniger Land pro Person< reduzieren.

ten, kommt der Restaurierung der Böden eine große Bedeutung zu, denn etwa 65 Prozent der landwirtschaftlichen Nutzfläche im subsaharischen Afrika ist als degradiert eingestuft. Darüber hinaus stellt sich die Verfügbarkeit von Nährstoffen im Boden, insbesondere von Stickstoff, als eines der drängendsten Probleme der afrikanischen Landwirtschaft dar. Dies findet seinen Ausdruck darin, dass die KleinbäuerInnen dieses Kontinents bei Befragungen diesem Problem mehr Bedeutung zumaßen als der Bekämpfung von Schädlingen (vgl. Orr / Ritchie 2004).[58] Auch die nationalen Hungerkatastrophen, die sich 2001/2002 und 2005 in Malawi ereigneten, hatten neben Wetterunbilden viel mit fehlender Bodenfruchtbarkeit zu tun (siehe Länderporträt Malawi).

Afrika ist der Erdteil mit dem geringsten Einsatz an chemischem Dünger. Auf diesem Kontinent, wo über 14 Prozent der Weltbevölkerung leben, kommt weniger als ein Prozent des global produzierten Kunstdüngers zum Einsatz. Die Industrie sieht hier ihre große Chance, um die stagnierenden Umsätze zu steigern. Doch die Geschäfte wollen nicht florieren. Ein Grund dafür sind die ökonomischen Verhältnisse: von den 49 ärmsten Ländern der Welt befinden sich 34 in Afrika.[59] Oder anders ausgedrückt: drei Viertel der Menschen in extremer Armut leben im subsaharischen Afrika, wobei sich deren Zahl seit 1990 beträchtlich vergrößert hat. Schon vor der

---

58 Eine Ausnahme dürfte die Epidemie durch Wolllaus (*Phenacoccus manihoti*) und Grüner Maniok-Milbe (*Mononychellus tanajoa*), gewesen sein, zwei nach Afrika eingeschleppte Maniok-Schädlinge, die in den 1970er Jahren 30 Millionen Menschen mit dem Hungertod bedrohten und die mit Hilfe biologischer Schädlingsbekämpfung unter Kontrolle gebracht wurden (Herren / Neuenschwander 1991).

59 Für die Einstufung in die Kategorie der ärmsten Länder der Welt (*Least Developed Countries*, LDC) gilt derzeit ein jährliches Pro-Kopf-Einkommen von weniger als 992 US-Dollar im nationalen Durchschnitt.

Verdopplung der Düngerpreise in der Zeit von 2006 bis 2010 (vgl. Garrity u.a. 2010) herrschte ein absoluter Mangel an Mitteln zum Kauf externer Inputs.

Aber mehr noch als in anderen Regionen der Welt sprechen in Afrika auch bodenkundliche Gründe gegen den verstärkten Einsatz von chemischem Dünger: Die in West- und Südostafrika vorherrschenden, ohnehin leicht sauren Böden (Alfisole) versauern weiter, wenn sie intensiv bebaut und fortgesetzt mit Stickstoffdünger, insbesondere mit Ammoniumsulfat, behandelt werden, was über längere Zeit zu entsprechenden Ertragseinbußen führt (vgl. Juo u.a. 1995). Es gibt also gute Gründe, sich nach Alternativen umzusehen, die es ermöglichen, das Ertrags- und Einkommensniveau in der kleinbäuerlichen afrikanischen Landwirtschaft auch ohne Chemikalien zu steigern.

Zur Steigerung des Gehalts an Stickstoff im Boden bietet sich der Anbau von Leguminosen an, Hülsenfrüchte[60] die in Afrika in Kraut,- Strauch- und Baumform verfügbar sind. Mit Hilfe von Vertretern dieser Pflanzenfamilie, die über eine Symbiose mit speziellen Bodenbakterien atmosphärischen Stickstoff im Boden anreichern, lässt sich, ausgehend vom derzeit im subsaharischen Afrika üblichen Ertragsniveau von etwa einer Tonne Mais pro Hektar, eine zwei- bis vierfache Steigerung erzielen. Da die Leguminosen nicht nur Stickstoff liefern sondern die Bodenqualität insgesamt verbessern und häufig auch Tierfutter und Nahrung für den Menschen liefern, geht ihr Effekt deutlich über die einfache Ertragssteigerung hinaus.

Eine vielversprechende, aber nicht unproblematische Möglichkeit ist die Waldlandwirtschaft mit dem ›Dünger-Baum‹ *Faidherbia albida* (Abbildung 2), eine mit den Akazien verwandte Baumart, die wegen ihrer stickstoffhaltigen Blätter schon seit Jahrhunderten zur Bodenverbesserung verwendet wird.

Bei der Rodung von wiederbewaldeten Flächen im Rahmen der Wanderfeldwirtschaft wurde der Baum früher bewusst stehen gelassen bzw. es wurde über Rückschnitt ein entsprechender Stockausschlag erzeugt. In der Trockenzeit spendet er Schatten für Ziegen und Kühe, die auch gern seine Blätter fressen, mindert die Austrocknung des Bodens und reduziert die Windgeschwindigkeit. Zu Beginn der Regenzeit wirft er seine Blätter ab, die dann den Boden düngen. So hat auch die Sonne freien Zutritt zu den wachsenden Pflanzen. In Sambia führt die mit agrarökologischen Metho-

---

60 Die bekanntesten Leguminosen in unseren Breiten sind Erbsen und Bohnen.

Abbildung 2
Der ›Düngerbaum‹ Faidherbia albida

Foto: Oluyede Ajayi.

den befasste NGO *Conservation Farming Unit* (CFU) ein Programm zur Bepflanzung von Ackerflächen mit Faidherbia durch, an dem über 160.000 Bauernfamilien teilnahmen. Im Idealfall werden einhundert Bäume pro Hektar in einem 10 × 10 m Raster gepflanzt und später auf 25 Bäume ausgedünnt (vgl. Garrity u.a. 2010). Bei 25 ausgewachsenen, gleichmäßig über einen Hektar verteilten Faidherbia bedecken die Baumkronen mehr oder weniger die gesamte Fläche, was mit Blick auf die zu erzielenden Erträge wichtig ist, denn Untersuchungen haben deutliche Ertragsunterschiede bei unterschiedlichem Abstand zur Baumkrone ergeben. Auf den Hektar umgerechnete Erträge von 4,1 Tonnen Mais für Flächen unmittelbar unter der Baumkrone standen Erträgen von 1,3 Tonnen in der Nähe, aber nicht direkt unter den Baumkronen gegenüber. Ein großer Vorteil von Faidherbia ist seine lange Lebensdauer von 70-100 Jahren, sodass ihre Anpflanzung mehreren Generationen zu Gute kommt und keine neuen Abhängigkeiten in Form eines jährlich erneut notwendigen Zukaufs von Leguminosen-Saatgut entstehen (vgl. Garrity u.a. 2010).

Doch Faidherbia hat zwei Probleme. Das eine ist die Anfälligkeit der Setzlinge, sodass es bei den Anpflanzungen eine hohe Ausfallrate gibt. Die CFU hatte zwar 160.000 sambische Haushalte mit Faidherbia-Setzlingen versorgt, doch nur drei bis vier Prozent der Setzlinge sind tatsächlich angewachsen (vgl. CFU 2012). Eine ähnlich enttäuschende Erfahrung wurde in Malawi gemacht, wo Faidherbia-Projekte 15 Jahre lang unterstützt wurden, sodass am Ende 96.000 BäuerInnen Faidherbia angepflanzt hatten. Allerdings lag auch hier die Überlebensrate der Bäume bei unter fünf Prozent. Hinzu kam eine geringe Fruchtbarkeit (weniger als 20 Prozent) in den Baumschulen, wo die Setzlinge produziert wurden. Akinnifesi u.a. (2008, S.60) kamen bezüglich Malawi zu der Schlussfolgerung, dass bei den Projekten »eindeutig« die ausreichende fachliche Betreuung fehlte. Es bleibt also abzuwarten, ob die CFU ihr kürzlich erklärtes Ziel, die Überlebensrate der Bäume auf 40-50 Prozent zu steigern, erreichen wird. Vielleicht ist der Baum nicht zur Pflanzung geeignet und es wäre erfolgreicher, auf die Technik der *Farmer Managed Natural Regeneration* zurückzugreifen, die woanders sehr erfolgreich zur Anwendung kommt (siehe Länderbeispiel Niger), auch wenn damit vermutlich nicht die angestrebte gleichmäßige Kronenbedeckung der Fläche erreicht werden kann.

Das zweite Problem ist, dass der Baum seine ertragssteigernde Wirkung erst nach 12-15 Jahren entfaltet. Diese Zeitspanne kann durch die anfängliche Verwendung von anderen Leguminosen, z.B. schnell wachsenden Robinien-Arten (*Gliricidia sepium*) oder Erbsenverwandten der Gattung *Sesbania*, überbrückt werden. Sesbania oder Gliricidia können aber auch als eigenständige Systeme verwendet werden. So wurde im südlichen Malawi in einer neunjährigen Versuchsreihe mit Gliricidia im Durchschnitt eine 3,8-fache Ertragssteigerung im Vergleich zu konventionellem Anbau ohne Dünger erzielt (vgl. Akinnifesi u.a. 2006).

Push-Pull: Biologische Schädlingsbekämpfung und mehr

Auch wenn Unkräuter und Schädlinge bei Mais in Afrika in ihrer Bedeutung für Ertragseinbußen nur den zweiten Platz einnehmen, ist die Option einer gleichzeitigen agrarökologischen Bekämpfung des wichtigsten Unkrauts (*Striga*) und des wichtigsten Schädlings (Maisstängelbohrer), verbunden mit weiteren Vorteilen, so attraktiv, dass das Verfahren eine schnelle Verbreitung findet. Im Gegensatz zum ›Dünger-Baum‹ Faidherbia, zu dessen Nutzung traditionelles Wissen vorlag, wurde die Push-Pull-Methode in 15-jähriger Forschungsarbeit am Internationalen Zentrum für

Abbildung 3
Schematische Darstellung des Push-Pull-Prinzips

Insektenphysiologie und Insektenökologie (ICIPE) in Nairobi entwickelt. Die an der Entwicklung des Verfahrens beteiligten WissenschaftlerInnen, allen voran der indische Entomologe Zeyaur Khan, schätzen die Zahl der potenziellen AnwenderInnen in Afrika auf 300 Millionen. Das Verfahren wurde 1999 in die Praxis eingeführt und hatte fünf Jahre später bereits mehrere tausend NutzerInnen. Im Jahr 2012 waren es über 50.000 kleinbäuerliche Betriebe, die das Verfahren anwendeten. Bei einem Großversuch in 14 kenianischen Provinzen wurden die Maiserträge durch Push-Pull um 50 bis 100 Prozent gesteigert (vgl. Khan u.a. 2011).

Die Methode beruht darauf, dass der Maisstängelbohrer mit Hilfe der Hülsenfrucht *Desmodium intortum*, die einen abstoßenden Geruch verbreitet, vom Maisfeld vertrieben (Push) und gleichzeitig mit Elefantengras (*Pennisetum purpureum*), das einen für die weiblichen Tiere attraktiven Geruch ausströmt, angelockt wird (Pull). Desmodium wird zwischen die Maisreihen gepflanzt, während das Elefantengras das Maisfeld umgibt (Abbildung 3).

Vom Elefantengras wird der Geruchsstoff insbesondere in der ersten Stunde nach Einbruch der Dunkelheit verströmt, d.h. während der Aktivitätsphase der weiblichen Maisstängelbohrer. Diese legen ihre Eier auf dem Elefantengras ab, doch die Eier verkleben auf dem von der Pflanze abgesonderten Saft, sodass etwa 80 Prozent weniger Larven schlüpfen als normalerweise. Das Push-Pull-Prinzip ist auch für Hirse anwendbar, und in Indien finden erste Versuche auf Reisfeldern statt.

Neben der drastischen Reduzierung des Schädlingsbefalls bietet das Verfahren weitere Vorteile: *Desmodium intortum* ist eine Hülsenfrucht, die im Boden des Maisfeldes 110 kg Stickstoff pro Hektar fixiert. Außerdem bekämpft sie den Wurzelparasiten *Striga*, indem sie über einen Botenstoff dessen vorzeitige Keimung provoziert, sodass er danach nicht mehr vermehrungsfähig ist. Von 25 Millionen Hektar, die im subsaharischen Afrika jährlich mit Mais bebaut werden sind sechs Millionen Hektar mit Striga verseucht. Und schließlich bietet Desmodium Schutz gegen Bodenerosion und stellt ebenso wie Elefantengras ein hochwertiges Tierfutter dar.

»Wir brauchen nicht viel Geld, wir brauchen eine angemessene Technologie", sagte Khan in einem Interview mit dem Journalisten Keya Acharya.[61]

> »Zwei Dollar ist die magische Zahl in Afrika. Wenn ein Bauer auf seinem Hof mehr als zwei Dollar pro Tag verdienen kann, was der Menge entspricht, die er durchschnittlich verdienen würde, wenn er in die Stadt migriert, dann bleibt er auf dem Land. Die Push-Pull-Methode garantiert ihm diesen Betrag."

Nach Ansicht von Khan, ein offener Kritiker der Gates-Stiftung, weil diese mit ihren Projekten versucht, den KleinbäuerInnen chemischen Dünger und das Saatgut der Konzerne aufzuzwingen, ist Push-Pull keine ›Win-Win‹-Technologie, denn es gibt bei ihr eindeutige Verlierer: die multinationalen Chemiekonzerne und ihre Ableger in den Ländern des Südens (vgl. Khan 2011).

Aber auch Push-Pull verbreitet sich nicht von selbst. Die Akzeptanz der Methode basiert auf einem umfangreichen System der Wissensvermittlung und Beratung, das die Gruppe um Khan entwickelt hat, und bei der die verschiedenen soziokulturellen Hintergründe der KleinbäuerInnen sowie ihr unterschiedlicher Alphabetisierungsgrad berücksichtigt werden. Unter Einbeziehung von NGOs, staatlichen Beratungsdiensten und BäuerInnen-Organisationen wird Push-Pull über zahlreiche Kanäle bekannt gemacht, angefangen bei Radioprogrammen und Zeitungsberichten in den lokalen Sprachen, über Broschüren und Handbücher mit praktischen Anleitungen bis zur Wissensvermittlung auf BäuerIn-zu-BäuerIn-Basis (dem in Lateinamerika üblichen *Campesino-a-Campesino*-Programm vergleichbar). Mit

---

61 http://infochangeindia.org/agriculture/features/push-pul-agriculture-stems-migration-into-cities.html

einer gemeindebasierten Erzeugung von Desmodium-Samen, an der bislang 600 KleibäuerInnen teilnehmen, wird sichergestellt, dass ausreichende Mengen erschwinglichen Desmodium-Saatguts für die Push-Komponente zur Verfügung stehen.

Die gleichberechtigte Einbeziehung der ländlichen Bevölkerung ist nicht nur hier der Schlüssel zum Erfolg. Ein weiteres basisbezogenes Projekt ist weiter unten im Länderbeispiel Niger beschrieben.

Exkurs – Philanthropie: der Wolf im Schafspelz

Stiftungen fallen nach offizieller Lesart in die Kategorie der wohltätigen Organisationen. Im angloamerikanischen Sprachraum philanthropische Organisationen genannt, schließen sie die Rockefeller- und die Gates-Stiftung mit ein. In Afrika fördert insbesondere die Gates-Stiftung anscheinend zwei widersprüchliche Entwicklungen – Chemie-basierte und Leguminosen-basierte Landwirtschaft. Aber dieser Widerspruch ist nur ein scheinbarer und entspricht einer bewährten Strategie: wer genug Geld hat, setzt lieber auf zwei Pferde gleichzeitig, was im vorliegenden Fall fatale Folgen für die agrarökologischen Projekte haben könnte.

›Verbesserte‹ Sorten benötigen Agrochemikalien. Umgekehrt machen Agrochemikalien ohne diese teuren Hochertragssorten keinen Sinn. Deshalb haben Saatgut- und Düngemittelindustrie ein gemeinsames Interesse. Beide würden gern ihren (profitablen) Beitrag zu einer hocheffizienten Landwirtschaft in Afrika leisten.[62] Wer eins und eins zusammenzählen kann, erkennt die Stoßrichtung dieser Entwicklung auch ohne tiefgründige Analysen zu lesen: Die Weltmarktpreise für landwirtschaftliche Produkte sind trotz Schwankungen seit 2008 unvermindert hoch, ihr weiteres Ansteigen wird erwartet. Das ist eine der Triebkräfte für das Land Grabbing, mit der der Weg für eine industriemäßige Großflächenwirtschaft bereitet wird. Das Ganze bekommt, wie zuvor beschrieben, in Form von freiwilligen Richtlinien eine diskursive Verbrämung als ›sozial verträgliches‹ Land Grabbing. Diese Richtung wird zwar unbeirrt weiter verfolgt, unterliegt aber zugleich einer scharfen öffentlichen Kritik. Deshalb gibt es zusätzlich zum ›nackten‹ Land Grabbing mit anschließender Großflächenwirtschaft eine zweite, komplementäre Strategie zur Erreichung des ultimativen Ziels, die Nahrungsmittelproduktion Afrikas in die globalen Warenströme zu in-

---

62 Vgl. Hoering (2007)

tegrieren und den Kontinent als Absatzmarkt für kommerzielles Saatgut und ggf. Agrochemikalien zu erschließen: Die Einbeziehung kleinbäuerlicher Betriebe in die Wertschöpfungsketten.

Philanthropische Initiativen werden durchaus kritisch beobachtet und gelegentlich auch kritisiert, doch es verhält sich mit ihnen ähnlich wie mit den transnationalen Naturschutzorganisationen: Offiziell sind sie Non-Profit-Organisationen und können in der breiten Öffentlichkeit deshalb glaubwürdiger den Anschein von Uneigennützigkeit erwecken als Banken oder Palmölkonzerne mit ihren ›Feigenblättern‹, bestehend aus freiwilligen Richtlinien und runden Tischen.

Zur Abschöpfung des Potenzials afrikanischer KleinbäuerInnen werden zwei gigantische Projekte verfolgt. Das erste, die *Allianz für eine Grüne Revolution in Afrika* (AGRA), ist darauf ausgelegt, den kleinbäuerlichen Betrieben die Segnungen von Agrochemie und Hybridsaatgut (=Hochleistungssorten) über marktbasierte Mechanismen statt über staatliche Subventionen zu bringen. Das funktioniert natürlich nur im profitablen Segment der kleibäuerlichen Wirtschaften. Für die weniger finanzkräftige, aber immerhin begrenzt zahlungsfähige Kundschaft bzw. für den Fall, dass sich agroökologische Konzepte doch durchsetzen sollten, wurde das zweite Projekt, die Initiative N2Africa (Stickstoff für Afrika) aufgelegt. Mit diesem soll die Abhängigkeit von kommerziellem Leguminosen-Saatgut geschaffen werden. Vorab ist festzuhalten, dass beide von der Gates-Stiftung mitgegründet wurden und maßgeblich von dieser finanziert werden. In diesem Zusammenhang ist es auch wichtig, im Auge zu behalten, dass Gates- und *Rockefeller-Stiftung* auch zu den Mitbegründern und wichtigen Geldgebern der im Jahr 2007 etablierten, gigantisch dimensionierten Saatgutbank auf Spitzbergen zählen (vgl. Engdahl 2007). Der enge Zusammenhang dieser drei geographisch weit voneinander entfernten Projekte ist bei näherem Hinsehen unverkennbar, wird aber zu wenig beachtet.

Allianz für eine Grüne Revolution in Afrika (AGRA)

Die 2006 gemeinsam von der Rockefeller- und der Gates-Stiftung gegründete AGRA hat nach eigenen Angaben vier Länder einer ›Brotkorb‹-Region (Ghana, Mali, Mosambik und Tansania) zum Schwerpunkt und ist darüber hinaus in weiteren zehn Ländern aktiv (Äthiopien, Burkina Faso, Kenia, Malawi, Niger, Nigeria, Ruanda, Sambia, Republik Südafrika, Uganda). Allein schon die vorrangige Konzentration auf eine ›Brotkorb‹-Region straft die auf der AGRA-Website behauptete Armutsbekämpfung

Lügen. Das Projekt will »15 Länder darauf ausrichten, eine Grüne Revolution zu erreichen und beizubehalten«.[63] Derzeit wird die AGRA neben den beiden Gründerstiftungen von 14 weiteren Institutionen finanziert, darunter von vier europäischen, zwei afrikanischen und der U.S.-Regierung. Zu den Partnern gehört unter anderem die *Assoziation Europäischer Parlamentarier für Afrika* mit insgesamt 1.500 Mitgliedern. KritikerInnen lehnen die AGRA ab und betrachten sie als trojanisches Pferd, um patentgeschützte Sorten, Gentechnik und marktwirtschaftliche Abhängigkeiten in der afrikanischen Landwirtschaft zu verankern (vgl. Hoering 2010). Trotz fundierter Kritik aus linker Perspektive hat es die AGRA geschafft, im medialen Mainstream und in der ›NGO-Szene‹ relativ unbeachtet zu bleiben und ansonsten ambivalent wahrgenommen zu werden.[64] Das Weltsozialforum in Nairobi schlug allerdings schon am 25. Januar 2007 Alarm[65], und kleine wie große, auf Landwirtschaftsthemen spezialisierte Organisationen wie GRAIN und La Via Campesina artikulierten wiederholt Ihre Ablehnung des Projekts. Aber gemessen an den zahlreichen kritischen Studien und Veranstaltungen zu Land Grabbing wurde die AGRA geradezu stiefmütterlich behandelt. Fast könnte man sagen, dass es der AGRA gelungen ist, sich hinter der Land Grabbing Diskussion zu verstecken.

In jedem der Jahresberichte von FIAN für 2010 bis 2012 findet Land Grabbing in der einen oder anderen Form Erwähnung. Zur AGRA ist von 2007 bis 2012 nichts zu finden. Auf der Website von Misereor[66] gibt es 44 Treffer zu ›Land Grabbing‹, doch weder zu AGRA noch zu ›Allianz für eine grüne Revolution in Afrika‹ wird man fündig. Ähnlich sieht es auf der Website von *Brot für die Welt* aus: 112 Hits zu Land Grabbing und ein einziges Dokument, das unter anderem auf die AGRA eingeht. Zwar sind die nachstehend zitierten Autoren Mitarbeiter von FIAN (Herre) bzw. *Misereor* (Luig), aber die fehlende Präsenz der AGRA in der Suchfunktion der betreffenden Websites ist ein Indiz für die untergeordnete Bedeutung, die

---

63 www.agra.org

64 Oxfam listet die AGRA explizit als Partner (www.oxfamblogs.org/eastafrica/?page_id=168), was nicht verwundert, denn seit 2008 erhielt *Oxfam America* über 11 Millionen US-Dollar von der Gates-Stiftung (Morvaridi 2012).

65 Siehe Erklärung »Afrikas Reichtum an Saatgutvielfalt und bäuerlichem Wissen – bedroht durch die ›Grüne-Revolution‹-Initiative von Gates- und Rockefeller-Stiftung (www.grain.org/article/entries/3804-africa-s-wealthof-seed-diversity-and-farmer-knowledgeunder-threat-from-the-gates-rockefellergreen-revolution-initiative).

66 http://www.misereor.de/

diesem gewaltigen Projekt beigemessen wird, für das von 2006 bis 2011 insgesamt 360 Millionen US-Dollar ausgegeben wurden. In dem Dokument von Brot für die Welt heißt es, »die AGRA-Position wird stark kritisiert von zahlreichen NGOs und kirchlichen Organisationen« (Bertow 2011, S.13), aber den weiteren Ausführungen ist zu entnehmen, dass sich die Kritik vor allem auf das Fehlen eines »ausgefeilten Konzepts« und auf eine »vereinfachende Argumentation« bezieht. Dieser Kritik ist zu widersprechen, denn die AGRA verfügt sehr wohl über ein ausgefeiltes Konzept, allein, es hat nichts mit Armutsbekämpfung und nachhaltiger ländlicher Entwicklung (im ehrlichen Sinne des Wortes) zu tun. Insofern ist eine Kritik an der AGRA zahnlos, die sich darin erschöpft, dass »eine kritische Auseinandersetzung mit den negativen Folgen der Grünen Revolution der 60er Jahre« fehlt (Herre, 2008, S.7). Und es stellt sich auch nicht die Frage, »ob bei allem Gerede um die Bedeutung kleinbäuerlicher Landwirtschaft in der Praxis die kommerzielle Landwirtschaft/Großbetriebe die Gewinner ... sein werden« (Herre 2008, S.9). ›Die Frage‹ ist längst beantwortet. Gewinn für *Big Business* ist der eigentliche Grund, warum die AGRA und die mit ihr vernetzten Initiativen geschaffen wurden. Genauer gesagt, hat die AGRA drei Ziele, die allerdings nicht auf ihrer Website publiziert werden (vgl. Thompson 2012):

1. die Öffnung der afrikanischen Lebensmittelmärkte;
2. die Integration der wohlhabenderen KleinbäuerInnen in den globalen Markt;
3. die Koordinierung und Beeinflussung der regionalen Ernährungspolitik in Afrika zugunsten großer Konzerne.

In ihrer landwirtschaftlichen Strategie 2008-2011 spricht die Gates-Stiftung ziemlich unverblümt die Konsequenzen aus: »Im Verlauf der Zeit wird diese Strategie eine gewisse Landmobilität und einen geringeren Anteil von direkt in der Landwirtschaft Beschäftigten erfordern« (GRAIN 2010, S 6), mit anderen Worten, die Verdrängung eines Teils der KleinbäuerInnen in die Slums der afrikanischen Metropolen oder vor die Tore der Festung Europa. Das passt ausgezeichnet zu den Vorstellungen zu Land Sparing, Forest Transition und gewollter Urbanisierung.

Der Diebstahl der genetischen Vielfalt Afrikas und mittelfristig die Einführung gentechnisch veränderter Sorten in Afrika steht ganz oben auf der Agenda der AGRA (vgl. Thompson 2012, Munro 2013). Durch Ko-Finanzierung verschiedener Institutionen geht der Einfluss der Gates-

Stiftung weit über die AGRA hinaus. Exemplarisch ist das *International Crop Research Institute for the Semi-Tropics* (ICRISAT) zu nennen, dessen jährliches Budget von rund 50 Millionen US-Dollar zur Hälfte von der Gates-Stiftung kommt. Die MitarbeiterInnen der ICRISAT-Forschungsstation Matopos in Simbabwe sammelten über mehrere Jahre traditionelles Saatgut von Hirse- und Sorghum-Sorten, das ihnen die dortigen KleinbäuerInnen kostenlos überließen. Mit Hilfe dieses genetischen Reichtums entwickelte ICRISAT >verbesserte< Sorten und verkauft diese seit 2010 an kommerzielle Saatgutfirmen (vgl. Thompson 2012), die dann das damit erzeugte Saatgut wieder an die KleinbäuerInnen zurück verkaufen – *Benefit Sharing* nach den Regeln der Gates-Stiftung.

Eine der vier Abteilungen der AGRA heißt >Politikgestaltung und Partnerschaften<. Ein Schwerpunkt dieser Abteilung besteht unter anderem darin, die Regierungen einzelner Länder, z.B. Äthiopien, Elfenbeinküste und Mosambik, dahin gehend zu beeinflussen, dass sie Gesetze zur Verhinderung des freien Austauschs von Saatgut erlassen, nationale Düngerstrategien verabschieden und den Handel mit Agrarrohstoffen formalisieren (vgl. Luig 2013). Es ist sicher nicht abwegig zu vermuten, dass nach Etablierung der vielen kleinen Saatgutfirmen in den einzelnen afrikanischen Ländern ein Prozess der Konzentration stattfinden wird, bei dem am Ende all diese >*Start-ups*< von den transnationalen Konzernen geschluckt werden.

N2Africa

Die Gates-Stiftung lässt nichts anbrennen. Trotz aller Bemühungen, mit Hilfe der AGRA der afrikanischen Landwirtschaft die Segnungen einer Grüne Revolution zu bringen, kann nicht ausgeschlossen werden, dass sich vielleicht doch agroökologische Anbauverfahren durchsetzen. Bekanntlich ist auch ein Teil der kleinbäuerlichen Familienbetriebe nicht finanzkräftig genug, um Hybridsaatgut und die teuren chemischen Inputs zu kaufen. Da wäre es schlecht, wenn das Leguminosen-Saatgut für die biologische Stickstoffanreicherung nicht unter der Kontrolle der Saatgutkonzerne stünde. Um diese Chance nicht zu verpassen, wurde von der Gates- und der *Howard-G.-Buffett-Stiftung*[67] in Zusammenarbeit mit der Universität Wageningen und dem *Internationalen Institut für tropische Landwirtschaft* (IITA),

---

67 Howard G. Buffett ist der älteste Sohn von Warren Buffett, dem laut Wikipedia viertreichsten Menschen der Welt. Howard G. Buffett besitzt mehrere große Farmen und sitzt bzw. saß in den Aufsichtsräten mehrerer großer Lebensmittel- und Agrarkonzerne, darunter *Coca-Cola* und *Archer Daniel Midlands*.

ein ebenfalls von der Gates-Stiftung mitfinanziertes Institut, die N2Africa-Initiative ins Leben gerufen. N2Africa, im Sommer 2010 als vierjähriges Projekt gestartet, arbeitet inzwischen in 13 afrikanischen Ländern (Äthiopien, Demokratische Republik Kongo, Ghana, Kenia, Liberia, Malawi, Mosambik, Nigeria, Ruanda, Sierra Leone, Tansania, Uganda und Simbabwe). Am Ende der Projektzeit will N2Africa unter anderem den Einsatz von ›verbesserten‹ Leguminosen-Sorten voran gebracht haben und sehen, dass diese von 225.000 KleinbäuerInnen verwendet werden.

Flankiert werden diese Bemühungen von einem ganzen Gestrüpp quer vernetzter Organisationen und Initiativen, die teilweise länderübergreifend und teilweise nur in einzelnen Ländern arbeiten. Stellvertretend sei der ›Zentrale Beratungsdienst für geistiges Eigentum‹ (CAS-IP, *Central Advisory Service on Intellectual Property*) genannt, der 2012 in das *CGIAR Consortium*[68] integriert wurde. In der Sprache dieses Beratungsdienstes geht es darum, dass zertifiziertes Leguminosen-Saatgut ›besser verfügbar‹ gemacht werden soll.

> »Während KleinbäuerInnen ihr Mais-Saatgut inzwischen jedes Jahr kaufen, wird bei Leguminosen das Saatgut zumeist noch immer von den BäuerInnen selbst erzeugt.« (Bloch 2010)

Offenbar ein unhaltbarer Zustand, dem mit Hilfe des Programms zur Saatgutproduktion und vermarktung von ICRISAT und der 2010 gegründeten *Malawi Seed Alliance* Einhalt geboten werden soll. Ähnliche Verflechtungen gibt es in anderen Ländern, in denen N2Africa aktiv ist.

Dass im vorliegenden Abschnitt das Hauptaugenmerk der Philanthropie im Allgemeinen und der AGRA im Besonderen galt, sollte nicht darüber hinwegtäuschen, dass eine ganzen Schar von Akteuren gibt, die sich darum bemühen, die Saatgutprivatisierung in Afrika voranzubringen und die landwirtschaftliche Produktion des Kontinents stärker in die globalen Wirtschaftskreisläufe zu integrieren, was definitiv nichts mit Ernährungssouveränität und auch nichts mit Ernährungssicherung zu tun hat. Die Strategie findet ihren Widerhall in diversen *Policy*-Dokumenten von CAADP (*Comprehensive Africa Agricultural Development Programme*), FAO, IFAD (*International Fund for Agricultural Development*), USAID (*United States Agency for International Development*) und Weltbank (vgl.

---

68 CGIAR (*Consultative Group on International Agricultural Research*) ist eine 1971 gegründete Institution, die die Arbeit von 15 internationalen landwirtschaftlichen Forschungszentren unterstützt und koordiniert. Im Laufe der Jahre wurde sie immer stärker aus privaten Quellen finanziert, die dem Agrobusiness wohlgesonnen sind.

Scoones / Thompson 2011). Die Weltbank erklärte in ihrem *2008 World Development Report*:

»Es entsteht die Vision von einer Landwirtschaft für die Entwicklung, die die Rollen der Produzenten, des privaten Sektors und des Staates neu definiert. Die Produktion erfolgt hauptsächlich durch KleinbäuerInnen, die oftmals die effizientesten Produzenten sind, insbesondere wenn sie von ihren Organisationen unterstützt werden. Der private Sektor organisiert die Wertschöpfungsketten, durch die der Markt zu den KleinbäuerInnen und zu den kommerziellen Farmen gebracht wird. Mit seinen verbesserten Möglichkeiten und neuen Formen von Governance korrigiert der Staat Marktversagen, reguliert den Wettbewerb und beteiligt sich strategisch an Public-Private-Partnerships, um die Wettbewerbsfähigkeit im Agrobusiness-Sektor zu fördern und eine größere Beteiligung von KleinbäuerInnen und LandarbeiterInnen zu unterstützen.« (Weltbank 2007, S.8)

Die > schöne neue Welt < im ländlichen Afrika lässt grüßen.

Länderbeispiele

Malawi

Malawi, ein kleines Binnenland in Südostafrika, gehört mit seinen knapp 16 Millionen BewohnerInnen zu den am dichtesten besiedelten Staaten Afrikas, nur übertroffen von Burundi, Gambia, Nigeria und Ruanda. Aufgrund der hohen Geburtenrate hat sich die EinwohnerInnenzahl seit 1950 mehr als vervierfacht. Dessen ungeachtet liegt die Bevölkerungsdichte mit zirka 134 Einwohnern je Quadratkilometer noch immer deutlich unter der von Deutschland (225). Malawi zählt zu den 49 *Least Developed Countries* (LDC), den laut UNO ärmsten Ländern der Welt.

Mais ist seit Jahrzehnten das wichtigste Grundnahrungsmittel des Landes, mit Abstand gefolgt von Maniok, Kartoffeln, Hülsenfrüchten, Süßkartoffeln, Reis und Hirse. Rund 80 Prozent der malawischen Bevölkerung leben auf dem Land. Im Durchschnitt bewirtschaftet eine kleinbäuerliche Familie eine Ackerfläche von 2.500 bis 3.000 m². Dabei verdeckt die häufig anzutreffende Bezugnahme auf das Bevölkerungswachstum als Grund für die sehr kleinen Flächen, die einem Haushalt zur Verfügung stehen, die Hauptursache für diesen Zustand – eine schreiende Landungerechtigkeit: die Hälfte der landwirtschaftlichen Nutzfläche befindet sich in der Hand von etwa 1,5 Prozent der Bevölkerung, 30.000 Besitztümer zwischen zehn und 500 Hektar Größe (vgl. GRAIN 2010). Zehn Hektar mögen wenig klingen, sind aber immer noch mehr als das Dreißigfache dessen, was eine kleinbäuerliche Familie im Durchschnitt zur Verfügung hat. Nicht nur, dass nach Erlangung der Unabhängigkeit im Jahr 1994 die Besitzverhältnisse unangetastet blieben, zwischen 1997 und 1994 wurde zusätzlich eine Million Hektar Gemeindeland den KleinbäuerInnen entzogen und Großgrundbesitzern bzw. dem Staat übereignet, in letzterem Fall unter anderem, um Nationalparks und Wildschutzgebiete zu etablieren. Damit nicht genug, blieb auch Malawi nicht vom Land Grabbing verschont. Im Jahr 2009 hat die Regierung von Djibouti einen Pachtvertrag von 55.000 Hektar für ein Bewässerungsprojekt abgeschlossen, kurze Zeit später erwarb ein britischer Fonds 2.000 Hektar auf denen Exportgemüse produziert werden soll und die *Illovo Sugar Company*, Tochtergesellschaft von *Associated British Foods*, vertrieb BäuerInnen im malawischen Distrikt Chikwawa von ihrem Land (vgl. GRAIN 2010).

Bei einer Betriebsgröße von einem Viertel oder einem Drittel Hektar sind die Vorräte aus der Eigenproduktion oft schon im November aufgebraucht. Die Folge ist, dass sich Familienmitglieder als LandarbeiterInnen verdingen müssen, um die Hungermonate (November bis März) durch den Zukauf von Lebensmitteln zu überbrücken. Diese Periode der Lohnarbeit schließt Kinderarbeit in großem Stil mit ein. Schätzungen zu Folge schuften in dieser Zeit 1,4 Millionen Kinder ab dem fünften Lebensjahr auf den Tabak- und Teeplantagen (vgl. GRAIN 2010, Hazarika u.a. 2005). Da die Hungermonate in die Vegetationsperiode fallen, kommen in dieser wichtigen Phase die Felder der KleinbäuerInnen zu kurz, sodass zum Beispiel Maßnahmen zur Verbesserung der Bodenfruchtbarkeit oftmals an der fehlenden Arbeitskapazität scheitern.

In Malawi kam es bei Mais in den Jahren 1992, 1994, 1997, 2002 und 2005 zu Missernten (Erträge im nationalen Durchschnitt von einer Tonne oder weniger pro Hektar). Dabei war die Missernte von 2002 im Sinne des unterdurchschnittlichen Hektarertrages am wenigsten gravierend, aber seine Auswirkungen waren aufgrund besonderer Umstände die katastrophalsten in der Geschichte des seit 1964 unabhängigen Landes.

Zur Hungerkatastrophe von 2002, bei der Schätzungen zufolge 46.000 bis 85.000 Menschen ihr Leben verloren, trug maßgeblich bei, dass ein 1998 eingeführtes Subventionsprogramm für Saatgut und mineralischen Dünger im Jahr 2001 auf Verlangen der wichtigsten Geberländer (Dänemark, Großbritannien, USA) und des Internationalen Währungsfonds (IWF) drastisch gekürzt wurde. Während in den Jahren zuvor 2,8 Millionen Haushalte ein Startpaket, bestehend aus Saatgut und Dünger, kostenlos zur Verfügung gestellt bekamen, erhielten es Ende 2000 nur noch 1,5 Millionen und 2001 nur noch eine Million Familien. Der Rest der Landbevölkerung sollte durch private Händler versorgt werden, die aber unerschwingliche Preisen verlangten bzw. in die schwerer erreichbaren Regionen gar nicht erst vordrangen. Im Ergebnis sank die nationale Maisproduktion 2001 auf 1,7 Millionen Tonnen und 2002 auf 1,6 Millionen, gegenüber jeweils 2,5 Millionen Tonnen in den Jahren 1999 und 2000. Damit nicht genug, verlangte der IWF zwecks Einsparung von Lagerhaltungskosten kurz vor Ausbruch der Hungersnot den Verkauf der strategischen Getreidereserven (ob vom IWF ein 100 prozentiger Verkauf oder nur 60 Prozent gefordert wurden, ist umstritten). Korrupte Regierungsbeamte folgten dieser Aufforderung jedenfalls mehr als bereitwillig. Sie stießen die komplette Reserve ab und bereicherten sich dabei persönlich. Hinzu kam ein von den Ländern des Nordens induziertes Phänomen, das Malawi, ebenso wie anderen Ländern des Südens, zu schaffen macht: Verspätet einsetzende, dann aber ungewöhnlich heftige Regenfälle, die zu verstärkter Bodenerosion und Überflutungen führen – Folgen des Klimawandels.

Ohne die strategischen Getreidereserven, die den Preisanstieg hätten abfedern können, wurde der Mais zur Zeit der Hungersnot zu 17 Malawi-Kwacha (MK) pro Kilogramm gehandelt, während er zuvor in den ›mageren Monaten‹ für fünf MK aus der Staatsreserve verkauft worden war. Arme Kleinbauernfamilien mussten, sofern sie etwas Vieh besaßen, dieses abstoßen, um Mais kaufen zu können. Das so erhöhte Angebot auf dem Fleischmarkt führte zu einem rasanten Verfall der Preise für Hühner, Ziegen, Schweine und Rinder (vgl. Philipps 2007). Nach einer weiteren Hungerkrise im Jahr 2005 entschloss sich die malawische Regierung, entgegen den Empfehlungen der Weltbank, die subventionierten Startpakete wieder einzuführen. »*Ending famine, simply by ignoring the experts*« (Die Experten ignorieren und so den Hunger beenden) überschrieb die New York Times vom 2. Dezember 2007 einen Beitrag über diesen Schritt.

Durch diese Förderung und durch günstige Regenfälle wurde die nationale Maisernte 2006 mit 2,6 Millionen Tonnen im Vergleich zum Vorjahr mehr als verdoppelt. Die Hektarerträge zeigten trotz einer gewissen Variabilität einen Aufwärtstrend (Tabelle 8). Seit 2006 produzierte das Land jedes Jahr mehr als 2,5 Millionen Tonnen Mais. Auch bei anderen Fruchtarten gab es ein kontinuierliches Wachstum der Produktion (Abbildung 3 und 4). Im Ergebnis dieser Entwicklung weist die Statistik des Landes seit 2007 auch eine leichte Verringerung des Anteils armer und extrem armer Menschen auf (vgl. Mussa / Pauw 2011).

Tabelle 8

Entwicklung der Hektarerträge für Mais in Malawi (nationaler Durchschnitt) seit der letzten Hungerkatastrophe (2005)

Jahr	2006	2007	2008	2009	2010	2011
Ertrag t/ha	1,6	2,6	1,6	1,7	1,8	2,1

Quelle: Ngwira u.a. (2012).

Hat Malawi damit seine Ernährungsprobleme gelöst? Die kostenlose Verteilung von Saatgut und Dünger ist günstiger als der Import und die anschließende Verteilung von Nahrungsmitteln im Rahmen von Notprogrammen, doch das ist aus Sicht von GRAIN (2010) nicht der eigentliche Gegenstand der Diskussion. Denn ob es nun Lebensmittel- oder Chemikalien- und ggf. Saatgutimporte sind – in beiden Fällen reden wir von Abhängigkeiten. Das System droht zusammenzubrechen, sobald der Staat das Geld für die Startpakete nicht mehr aufbringen kann. Gleichwohl kamen die internationalen Institutionen nicht umhin, den Erfolg der souveränen Entscheidung der malawischen Regierung anzuerkennen, auch wenn weiterhin marktliberale Bedenken, dass damit »das langfristige Wachstum privater Märkte im Inputsektor gehemmt werden könnte«, zum Ausdruck gebracht wurden (Philipps 2007, S.9).

Bedenken gibt es auch aus anderen Gründen. Neben der Endlichkeit der Verfügbarkeit des Mineraldüngers, der zu nahezu 100 Prozent vom Erdöl abhängt, wurde bereits weiter oben auf die Gefahr sinkender Erträge bei kontinuierlichem Einsatz von chemischem Stickstoffdünger hingewiesen. Malawi ist im Prozess der Umstellung auf ›Dünger-Bäume‹ bzw. auf eine Kombination aus Stickstofffixierung mit Hilfe von Leguminosen und »einer Viertelmenge an Mineraldünger, wodurch die Maiserträge von vier Tonnen pro Hektar überschritten werden können« (de Schutter 2010, S.9). Agrarökologie mit Leguminosen ist also trotz der oben geschilderten Faidherbia-Rückschläge auf dem Vormarsch.

Während in einer ganzen Reihe von Arbeiten das Ertragspotenzial dieser agrarökologischen Methoden belegt wurde, gibt es bislang fast keine Analysen darüber, wie sich das Leben der BäuerInnen dadurch konkret verändert. Eine Ausnahme ist die Studie von Quinion u.a. (2010), die die Situation von 131 subsistenzwirtschaftlich lebenden Familien in Malawi unter

Abbildung 4

Entwicklung der Produktion von Mais, Maniok und Kartoffeln in Malawi

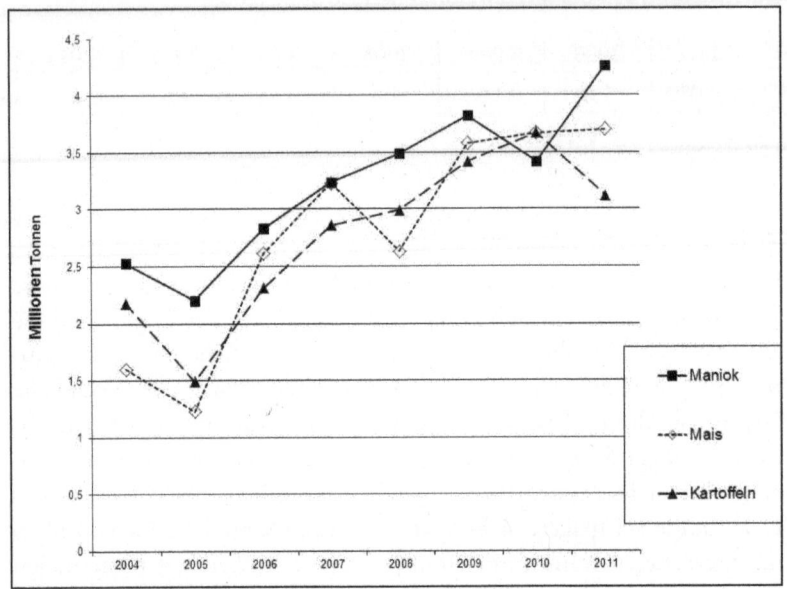

Daten: FAOSTAT

die Lupe nahmen. Einen Eindruck von der Vielfalt der unterschiedlichen, örtlich angepassten Verfahren vermittelt die Tabelle 9.

Die entscheidenden Erkenntnisse aus der Befragung dieser durchschnittlich 6,5 Personen großen und auf 1,4 Hektar wirtschaftenden Haushalte[69] in Bezug auf ihre fünfjährige Erfahrung mit der Waldlandwirtschaft lauten:

– Die Waldlandwirtschaft verbesserte die Bodenfruchtbarkeit, erhöhte die Erträge, ermöglichte den Verkauf von Leguminosensamen und lieferte Brennholz, Baumaterial sowie Tierfutter.

– Im Ergebnis dessen verkürzte sich die Zahl der Hungerwochen, die alljährlich in der Zeit von November bis März (vor der nächsten Ernte) auftreten.

---

78 Die Untersuchung wurde in zwei Regionen durchgeführt. Die durchschnittliche Flächengröße der 65 Familienbetriebe in der Region Kasungu betrug 1,9 Hektar. Bei den 66 Familienbetrieben in Machinga waren es 0,9 Hektar. Die durchschnittliche Familiengröße war für beide Stichproben gleich.

Abbildung 5

Entwicklung der Produktion ausgewählter Leguminosen-Arten

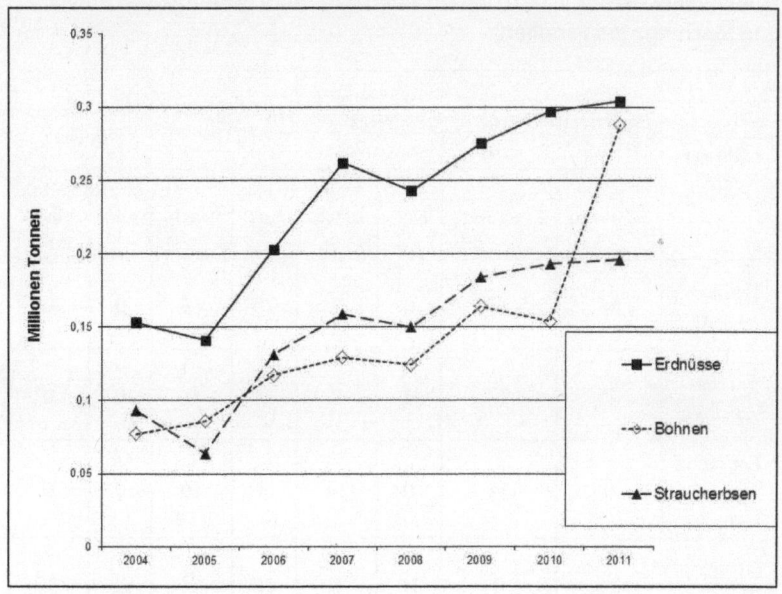

Daten: FAOSTAT

- Das zusätzliche Einkommen genügte jedoch nicht, um aus der Armut herauszukommen, sondern wurde verwendet um ›Löcher zu stopfen‹ (siehe voriger Punkt).
- Es besteht ein großer Bedarf an Möglichkeiten zum gegenseitigen Austausch und zur weiteren Qualifizierung. Dorfgemeinschaften und ›BäuerInnen-Clubs‹ könnten dabei helfen, sind aber noch unzureichend vorhanden.

Die Erfahrungen bestätigen positive Effekte auf der Haushaltsebene, aber es ist noch ein langer Weg, bis das Potenzial tatsächlich ausgeschöpft ist. Der Ruf nach mehr Austausch muss als Indiz für ungenügend ausgeprägte basisdemokratische Strukturen und eine unzureichende institutionelle Unterstützung betrachtet werden. Doch damit nicht genug: In Abwandlung der eigentlich auf chemischen Dünger bezogenen Forderung von GRAIN (2010, S.7) ist zu sagen: »Die Zukunft der Millionen BäuerInnen von Ma-

Tabelle 9
Prozentuale Verteilung agrarökologischer Methoden der
Waldlandwirtschaft in den malawischen Regionen Kasungu (65 Familien)
und Machinga (66 Familien)

Pflanzen-art	Gleichzeitiger Anbau		Gemeinsam-versetzter Anbau		Verbesserte Brache		Biomassen-transfer	
	Kasungu	Machinga	Kas.	Mach.	Kas.	Mach.	Kas.	Mach.
Tephrosia vogelii	66	31	0	3	79	69	0	0
Faidher-bia albida	7	27	3	0	0	0	0	0
Leucaena leuco-ceph.	0	34	0	14	3	19	0	0
Gliricidia sepium	26	0	10	8	10	6	28	77
Sesbania sesban	2	5	86	57	7	6	73	12

Gemeinsam-versetzter Anbau = Anbau auf der gleichen Fläche, während der gleichen Vegetationsperiode, aber zeitlich versetzt; *Verbesserte Brache* = Leguminosen Anbau während der Bracheperiode; *Biomassetransfer* = Leguminosenanbau auf einer anderen Fläche mit Einarbeitung der erzeugten Biomasse auf die eigentliche Ackerfläche. Quelle: Quinion u.a. (2010).

lawi kann nicht allein mit Leguminosen erschaffen werden. Sie benötigen Zugang zu Land!«

Niger

Die Republik Niger, ein in der Sahelzone gelegenes Land mit 16 Millionen EinwohnerInnen, galt lange Zeit als das ärmste Land der Welt und belegte im *Global Hunger Index*, den das *International Food Policy Research Institute* (IFPRI) alljährlich herausgibt, den letzten Platz. Noch vor sieben

Abbildung 6
Leguminosen-Angebot auf dem Markt von Zomba, Malawi

Foto: Peter Clausing

Jahren, unmittelbar nach der akuten Ernährungskrise von 2004/2005, die eigentlich keine ›akute Krise‹, sondern nur ein Episode in einem Kontinuum war, wurde die Situation in diesem Land wie folgt beschrieben (vgl. Baro / Deubel 2006):
– Ärmstes Land der Welt aufgrund von Bevölkerungsdruck, Bodendegradation, reduzierten Einkommensmöglichkeiten und Klimawandel;
– Chronische Unterernährung, in vielen Regionen bei 40 Prozent der Bevölkerung;
– Nahrungsmittelproduktion und landwirtschaftlich nutzbare Fläche pro Kopf der Bevölkerung abnehmend;
– Die Eigenproduktion der meisten SubsistenzbäuerInnen reicht nur für sechs Monate im Jahr;
– Nigers große Abhängigkeit vom zunehmend knappen Holz als Hauptenergiequelle in den ländlichen Haushalten ist der Hauptgrund für die Zerstörung der natürlichen Ressourcen.

Die Situation ist nach wie vor schwierig, aber es gab in Niger eine Trendwende. Das Land befindet sich inzwischen nicht mehr auf dem letzten Platz des Global Hunger Index, sondern ist inzwischen 16 Plätze nach oben gerückt. Die Produktion der zwei wichtigsten Grundnahrungsmittel wurde im Fünfjahresdurchschnitt (2007 bis 2011, im Vergleich zu 1998 bis 2002) bei Hirse um 40 Prozent und bei Sorghum um 90 Prozent gesteigert. Was ist passiert?

In der gesamten Sahelzone gab es seit vielen Generationen ein traditionelles System der Landnutzung (vgl. Boffa 1999). Im Zuge der Urbarmachung neuer Flächen wurde auf die Rodung bestimmter nützlicher Bäume verzichtet, wobei wiederum Faidherbia eine große Rolle spielte. Aber auch andere Baumarten halfen, den Wasserhaushalt zu regulieren, trugen zur Bodenfruchtbarkeit bei, boten Brennholz, Baumaterial, Tierfutter, Naturheilmittel und vieles mehr. Im Laufe des 20. Jahrhundert wurde dieses integrale System der Landnutzung durch Verbote und Auflagen von Forstgesetzen nahezu zerstört. Das Resultat war die Ausdehnung der Wüste, verstärkt durch Bevölkerungsdruck und Dürreperioden. Von oben verordnete Aufforstungsprogramme scheiterten, weil die Erfahrungen der BäuerInnen zu besonders geeigneten Baumarten ignoriert wurden. Schließlich, Mitte der 1980er Jahre, erinnerte man sich an die alten Traditionen und es gab erste Pilotprojekte zur Wiederbelebung des bäuerlichen Baumanagements (vgl. Tougiani u.a. 2009). Dieses bestand darin, ausgewählte Stämme einerseits zu stutzen und zugleich ihr Wachstum zu fördern, neu sprießende, konkurrierende Stämme bei Bedarf zu entfernen oder den ursprünglichen Stamm zu fällen, um einen neuen Spross wachsen zu lassen. Bei dieser flexiblen Herangehensweise, die heute den Namen *Farmer Managed Natural Regeneration* trägt (FMNR, ›bäuerlich geführte natürliche Regeneration‹), wurden die lokalen Verhältnisse und die individuellen Bedürfnisse der BäuerInnen berücksichtigt. Der große Vorteil war, dass trotz aller Umweltzerstörung ein großes ›unterirdisches‹ Waldsystem erhalten geblieben war. Genauer gesagt war es das Wurzelsystem des alten Waldes, das wieder zum Leben erweckt werden konnte. Der Erfolg der Pilotprojekte führte zunächst zum Verzicht auf die Anwendung des restriktiven Forstgesetzes und im Jahr 2004 schließlich zur Verabschiedung eines neuen Forstgesetzes, mit dem die jahrzehntelang unterdrückten traditionellen Bearbeitungsmethoden rehabilitiert wurden. Inzwischen wird FMNR auf über sechs Millionen Hektar praktiziert, insbesondere in Maradi und Zinder, den bevölkerungsreichsten und am dichtesten besiedelten Regionen Nigers. Dort wachsen vor allem Faidherbia-Bäume, und zwar in einer Dichte von bis zu 160 Stück pro Hektar. Im Kontext der Diskussion, ob sich menschliche Besiedlung und der Erhalt der natürlichen Umwelt miteinander vertragen, ist die Beobachtung interessant, dass die größte Baumdichte in den Bereichen der dichtesten ländlichen Besiedlung gefunden wurde.

Reid u.a. (2009) schätzten, dass durch die Transformation in Faidherbia-dominierte Parklandschaften zusätzliche 500.000 Tonnen Nahrungsmitteln pro Jahr produziert werden, ausreichend um ca. 2,5 Millionen Menschen zu ernähren.[70] Anders ausgedrückt: trotz einer Verdopplung der Einwohnerzahl der Republik Niger zwischen 1980 und 2006 blieb die Pro-Kopf-Produktion von Hirse und Sorghum, die ca. 90 Prozent des Kalorienbedarfs in den ländlichen Gegenden decken, unverändert bei etwa 285 kg pro Person und Jahr. Als Niger zwischen 2004 und 2006 von einer (weiteren) akuten Ernährungskrise heimgesucht wurde, waren die FMNR-Regionen deutlich weniger betroffen.

Der Beschreibung von Tougiani u.a. (2009) ist zu entnehmen, dass im Gegensatz zu manchen anderen >Entwicklungshilfe<-Projekten, die BäuerInnen von Anbeginn die zentrale Rolle bei der Planung, Organisierung und Bewertung ihres eigenen Handelns innehatten. Nach einer Pilotphase im Jahr 2001, an der drei Dörfer beteiligt waren, wuchs das Projekt und hatte sich bis 2007 auf 170 Dörfer ausgeweitet, die von 53 Dorfkomitees mit ihren dazugehörigen Unterstrukturen geleitet wurden (Abbildung 7). Der ökonomisch bedeutsamste Nebeneffekt der Bodenrestaurierung mit FMNR ist die nachhaltige (!) Erzeugung von Brennholz in einer Gesellschaft, die so stark von dieser Energiequelle abhängig ist, wie kaum ein anderes Land.

Bei einem durchschnittlichen Jahreseinkommen von umgerechnet 200 US-Dollar steigerten die DorfbewohnerInnen allein durch Holzverkäufe ihre Einkommen um etwa 25 Prozent. Aufgrund des Erfolgs wurde das Konzept auf die gesamte Republik Niger ausgedehnt. Zu den herausragenden Erfahrungen des Projekts gehörten

- die erstmalige (gleichberechtigte) Zusammenarbeit von Bauern und Bäuerinnen, HirtInnen, WissenschaftlerInnen und RegierungsmitarbeiterInnen;
- die Überwindung des »in vielen anderen Situationen in Niger üblichen« gegenseitigen Misstrauens (Tougiani u.a. 2009, S. 387),

---

79 Im Jahr 2009 hatte die Republik Niger 15 Millionen EinwohnerInnen und FMNR wurde auch in den Jahren nach 2009 weiter ausgedehnt.

Abbildung 7

Struktur und Arbeitsweise des FMNR-Projekts in der Republik Niger

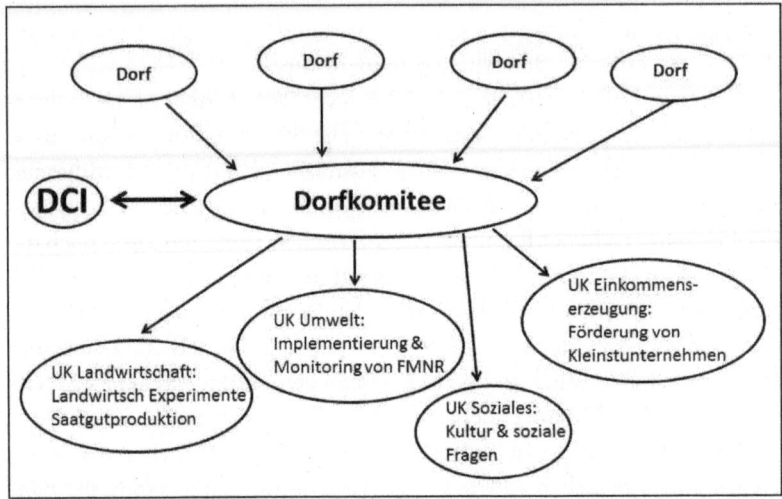

Ein Dorfkomitee ist für drei bis vier Dörfer verantwortlich und diesen in einmal monatlichen Generalversammlungen rechenschaftspflichtig. Die Unterkomitees (UK) treffen sich alle 14 Tage. Jedes teilnehmende Dorf hat sich verpflichtet, einen bestimmten Betrag in einen Fonds einzuzahlen, der von der Desert Community Initiative (DCI) verwaltet wird und mit dem soziale Vorhaben finanziert werden wie die Versorgung von Dorfapotheken, das Bohren von Brunnen und die Anzucht von Baumsetzlingen. In den Fonds fließen auch Strafgebühren ein, die bei Verstoß gegen die von den Komitees selbst aufgestellten Regeln erhoben werden.

– die deutliche Reduzierung der Konflikte zwischen HirtInnen und BäuerInnen (aufgrund der Einbeziehung der HirtInnen in den Prozess),
– das praktische Verschwinden illegalen Baumfällens in der gesamten Gegend (was früher ein großes Problem war).

»Die Bedingungen für erfolgreiche Experimente sind dann optimal, wenn die Nutzer der Ressourcen, die Autorität haben, die Regeln zu definieren, mit denen der Ressourcenzugang bestimmt und überwacht wird, sowie das Vermögen, die Regeln durchzusetzen und jene Regeln zu ändern, die sich als unwirksam erweisen.« (Tougiani u.a. 2009, S. 387)

In Teilen der Republik Niger scheint Agrarökologie als » eine Wissenschaft, eine Bewegung und eine Praxis« (Wezel u.a. 2009) angekommen zu sein.

Epilog

Land und Wasserknappheit rufen Hoffnungen und Sorgen hervor. Hoffnungen werden bei jenen geweckt, die »überdurchschnittlich gute Perspektiven« für Kapitalanlagen erhoffen.[71] Die Sorgen sind vielfältig, und zuweilen ist nicht auf den ersten Blick ersichtlich, ob sie ehrlich gemeint sind oder nur vorgeschoben werden, um dahinter eine bestimmte Agenda zu verfolgen. Die vorgeschobenen Sorgen lassen sich dann trefflich mit scheinbaren Lösungen kombinieren, die der versteckten Agenda dienen.

Sechs bis sieben Personen mit einer Fläche von 2.500 bis 3.000 m² zu ernähren suggeriert das Überschreiten einer absoluten Subsistenzgrenze. >Magere Monate< – eine Durst-, besser gesagt eine Hungerstrecke von mehreren Wochen bis Monaten mit potenziell katastrophalen Folgen bei Ernteausfällen, scheinen unausweichlich. Mit den bisherigen Bemühungen, durch agrarökologische Methoden die Erträge ressourcensparend zu erhöhen, gelingt es derzeit nur, »Löcher zu stopfen«, statt der Armut zu entrinnen (Quinion u.a. 2010, S. 463).

Eine fatale Situation, scheint es, deren Dringlichkeit förmlich nach einer Neuen Grünen Revolution schreit. Dieser Schein bleibt gewahrt, so lange man den Kontext ausblendet. Dazu zählen das Fortbestehen einer ungerechten Landverteilung, aber auch die Suggestion einer Subsistenzgrenze an einem Punkt, der am Status quo festgemacht wird. Wo liegt sie, die Grenze für eine umwelt- wie sozial verträgliche agrarökologische Intensivierung? Sie liegt mit Sicherheit in jeder Region woanders, abhängig von den ökologischen Gegebenheiten. Aber wenn die sozialökonomischen Rahmenbedingungen ausgeblendet werden, wird sie höchstwahrscheinlich falsch eingeschätzt. Jouve (2012) verweist auf die Region der Bamileke-Ethnie im südwestlichen Kamerun mit einer Bevölkerungsdichte von nahezu 1.000 Menschen pro Quadratkilometer (1.000 m² Land pro Person), wo genügend Nahrung produziert wird, nicht nur, um sich selbst zu versorgen, sondern auch um Überschüsse in den Städten Douala und Yaoundé zu vermarkten.

Eine hohe Produktivität erfordert agrarökologische Systeme, nicht nur einzelne agrarökologische Verfahren. Mehr noch, agrarökologische Systeme gehen über das >rein Biologische< hinaus. Nicht ohne Grund neh-

---

men führende AgrarökologInnen auf radikale soziale Bewegungen wie La Via Campesina und die brasilianische Landlosenbewegung MST Bezug. Auch der Dritte Internationale Kongress der Lateinamerikanischen Wissenschaftlichen Gesellschaft für Agrarökologie, der im August 2011 im mexikanischen Oaxtepec abgehalten wurde, bezieht eine eindeutige Position: »Ideale AgrarökologInnen betreiben Wissenschaft und landwirtschaftliche Praxis zugleich und sind bestrebt sicherzustellen, dass soziale Gerechtigkeit ihr Handeln bestimmt«, heißt es in der Abschlusserklärung des Kongresses (Gliessmann 2013, S. 28). Ergänzen kann man dies mit der aus meiner Sicht besten Definition des Begriffs Nachhaltigkeit, die bislang zur Verfügung steht, nämlich dass sich Nachhaltigkeit durch drei Kriterien auszeichnet – die Deckung der Grundbedürfnisse, eine ausreichende materielle Grundlage, um kreative Entfaltung zu ermöglichen und die Berücksichtigung der Bedürfnisse der nachfolgenden Generationen (vgl. Stricker 2007).

Ist eine Koexistenz von gentechnisch beherrschter Landwirtschaft und Agrarökologie möglich? Nein! Und das liegt nicht nur an den ›technischen‹ Problemen einer unkontrollierbaren Ausbreitung des Pollens gentechnisch veränderter Pflanzen. Das hat seine Ursache vor allem in dem gesellschaftlichen Modell, das hinter der Gentechnik steht, einem Modell, das auf Verschwendung sowie auf Wachstum durch Übernahme und Eroberung basiert. Ist die Bewahrung unseres Planeten durch Land Sparing – Naturschutzinseln in einem Meer von Monokulturen – denkbar? Nein, denn dieses Konzept basiert auf dem gleichen gesellschaftlichen Modell.

Anhang

Quellenverzeichnis

Hinweis: Datumsangaben hinter den URLs (auch in den Fußnoten) beziehen sich auf das Datum des letzten Zugriffs. Links ohne Datumsangabe funktionierten am 3.7.2013.

Agrawal, A. und Redford, K. (2009): Conservation and displacement: An overview. Conservation and Society 7: 1-10.

Aide, T.M. und Grau, H.R. (2004): Globalizations, migration and Latin American ecosystems. Science 395: 1915-1916.

Akinnifesi, F.K., Makumba, W. und Kwesiga, F.R. (2006): Sustainable maize production using gliricidia/maize intercropping in southern Malawi. Experimental Agriculture 42: 117.

Akinnifesi, F.K., Chirwa, P.W., Ajayi, O.C., Sileshi, G., Matakala, P., Kwesiga, F.R., Harawa, H. und Makumba, W. (2008): Contributions of agroforestry research to livelihood of smallholder farmers in southern Africa: 1. Taking stock of the adaption, adoption and impact of fertilizer tree options. Agricultural Journal 3: 58-75.

Akinnifesi, F.K., Ajayi, O.C., Sileshi, G., Chirwa, P.W., Chianu, J. (2010): Fertiliser trees for sustainable food security in the maize-based production systems of east and southern Africa. A review. Agronomy for Sustainable Development 30: 615-629.

Al-Riffai, P., Dimaranan, B. und Laborde, D. (2010): Global trade and environmental impact study of the EU biofuels mandate. ATLASS Consortium, März 2010. http://www.ifpri.org/sites/default/files/publications/biofuelsreportec.pdf

Altieri M.A. (1995) Agroecology: the science of sustainable agriculture. Westview Press, Boulder, CO, USA.

Altvater, E. (2008): Die Vierfachkrise des globalen Kapitalismus. Klima und Energie, Hunger und Finanzen. Informationsbrief Weltwirtschaft und Entwicklung (W&E), Hintergrund, Juli 2008, Luxemburg.

Antoniou, M., Brack, P., Carrasco, A., Faga, J., Habib, M., Kageyama, P., Leifert, C, Onofre Nodari, R. und Pengue, W. (2010): GV Soja: Nachhaltig? Verantwortungsbewusst? GLS Gemeinschaftsbank eG, Bochum und ARGE Gentechnik-frei, Wien. www.gmwatch.org/images/pdf/gm_full_ger_v3.pdf

Ausubel, J.H., Wernick, I.K. und Waggoner, P.E. (2013): Peak Farmland and the Prospect for Land Sparing, Population and Development Review 38 (Suppl. 1): 221-242.

Avery, A. (2007): Commentry. 'Organic abundance' report fatally flawed. Renewable Agriculture and Food Systems 22: 321-323.

Badgley, C., Moghtader, J., Quintero, E., Zakem, E., Chappell, M.J., Avilés-Vázquez, K., Samulon, A. und Perfecto, I. (2007): Organic agriculture and the global food supply. Renewable Agriculture and Food Systems 22: 86-108.

Badgley, C. und Perfecto, I (2007a): Can organic agriculture feed the world? Renewable Agriculture and Food Systems 22: 80-82.

Badgley, C., Perfecto, I, Chappell, M.J. und Samulon, A. (2007): Strengthening the case for organic agriculture: response to Alex Avery. Renewable Agriculture and Food Systems 22: 323-327.

Balmford, A., Green, R. und Phalan, B. (2012): What conservationists need to know about farming. Proceedings of the Royal Society B 279: 2714-2724.

Baro, M. und Deubel, T.F. (2006): Persistent hunger: Perspectives on vulnerability, famine, and food security in Sub-Saharan Africa. Annual Review of Anthropology 35: 521-538.

Barrett, C.B., Bellemare, M.F. und Hou, J.Y. (2010): Reconsidering conventional explanations of the inverse productivity-size relationship. World Development 38: 88-97.

Bätzig, W.(2005): Die Reduzierung von Natur auf die Funktionen »Ressource« und »Erlebnis«. In: Hanzig-Bätzig, E. und Bätzig, W.: Entgrenzte Welten. Die Verdrängung des Menschen. Rotpunktverlag, Zürich, 163-198.

Bellinghausen, H. (2008): Räumung des zapatistischen Naturreservats von Huitepec in Vorbereitung. La Jornada vom 5.7.2008, dt. Übersetzung unter www.chiapas.eu/ news.php?id=4054.

Bellinghausen, H. (2010): Acteal – ein Staatsverbrechen. Unrast, Münster.

Bertow, K. (2011): Ist genug für alle da? Welternährung zwischen Hunger und Überfluss. Brot für die Welt (Hrsg.), Stuttgart.

Beymer-Farris, B.A. und Bassett, T.J. (2012): The REDD menace: Resurgent protectionism in Tanzania's mangrove forests. Global Environmental Change 22: 332-341.

Bloch, P. (2010): IP issues in the launch of MASA – the Malawi Seed Alliance. http://casipblog.wordpress.com/2010/02/03/ip-issues-in-the-launch-of-masa-%E2%80%93-the-malawi-seed-alliance/.

Blomley, T., Flintan, F., Nelson, F. und Roe, D. (2013): Conservation and land grabbing: part of the problem or part of the solution? Workshop Report. http://povertyand-conservation.info/sites/default/files/Conservation%20and%20Land%20Grabs%20-%20Symposium%20Report%20-%20Final.pdf

BMZ (2012): Investitionen in Land und das Phänomen des »Land Grabbing« Herausforderungen an die Entwicklungspolitik. BMZ-Strategiepapier 2/2012.

Boffa, J.M. (1999): Agroforestry Parklands in sub-Saharan Africa. FAO Conservation Guide 34, Food and Agriculture Organization, Rom.

Bollier, (2002): Silent theft: the private plunder of our common wealth. Routledge, New York.

Brammer, H. (2009): Mitigation of arsenic contamination in irrigated paddy soils in south and south-east Asia. Environment International 35: 856-863.

Brockington, D. (2002): Fortress Conservation: The Preservation of the Mkomazi Game Reserve Tanzania Oxford, England: The International African Institute.

Brockington, D. und Igoe, J. (2006): Eviction for conservation: A global overview. Conservation and Society 4: 424-470.

Brockington, D., Duffy, R. und Igoe, J. (2008): Nature unbound. Conservation, capitalism and the future of protected areas. Earthscan, London und Sterling, Virginia.

Buck-Cox, S.J. (1985): No tragedy of the commons. Environmental Ethics 7: 49-62.

Carletto, C., Savastano, S. und Zezza, A. (2013): Fact or artifact: The impact of measurement errors on the farm size-productivity relationship. Journal of Development Economics 103: 254-261.

Cassman, (2007): Can organic agriculture feed the world – science to the rescue?. Renewable Agriculture and Food Systems 22: 83-84.

CAWMA (2007): Water for food, water for life: A comprehensive assessment of water management in agriculture. Earthscan, London und International Water Management Institute, Colombo.

CEPR (2012): Several adults killed in forced eviction, with little notice by international media. Information vom 7.8.2012, www.cepr.net/index.php/blogs/relief-and-reconstruction-watch/several-adults-killed-in-forced-eviction-with-little-notice-by-international-media.

CFU (2012): Faidherbia PDF-Powerpoint: http://conservationagriculture.org/uploads/pdf/CFU-FAIDHERBIA-TRIALS-FINAL-RESULTS.pdf.

Chazdon, R.L. (2008): Beyond deforestation: Restoring forests and ecosystems on degraded lands. Science 320: 1458-1460.

Child, B.A. (1996): the practice and principles of community-based wildlife management in Zimbabwe: The CAMPFIRE programme. Biodiversity and Conservation 5: 369-398.

Clausing, P. (2011): Naturschutz. In: Arndt, S. und Ofuatey-Alazard, N. (Hrsg.): Wie Rassismus aus Wörtern spricht – (K)Erben des Kolonialismus im Wissensarchiv deutsche Sprache. Ein kritisches Nachschlagewerk. Unrast Verlag, Münster, 449-455.

Clausing, P. (2013): Kontrolle ist besser. Land(Control)grabbing in Mexiko – ein eher untypischer Fall. ILA 364: 8-10.

Clausing, P. und Goschenhofer, C. (2011): Land Grabbing in Mexiko. Ein argumentativer Kopfstand der Weltbank. Peripherie 124: 447-469. www.chiapas.eu/news.php?id=6205.

Clawson, M. (1979): Forests in the long sweep of American history. Science 204: 1168-1174.

Collier, P. (2011): Der hungrige Planet. Wie können wir Wohlstand mehren, ohne die Erde auszuplündern. Siedler Verlag, München.

Collier, P. und Dercon, S. (2009): African agriculture in 50 years: smallholders in a rapidly changing world? Paper presented at the Expert Meeting on How to Feed the World in 2050. Food and Agriculture Organization of the United Nations Economic and Social Development Department, Rom, 24.26.6.2009. ftp://ftp.fao.org/docrep/fao/012/ak983e/ak983e00.pdf.

Cullen Jr., L., Alger, K. und Rambaldi, D.M. (2005): Land reform and biodiversity conservation in Brazil in the 1990s: Conflict and the articulation of mutual interests. Conservation Biology 19: 747-755.

Curran, B., Sunderland, T., Maisels, F., Oates, J., Asaha, S., Balinga, M., Defo, L., Dunn, A., Telfer, P., Usongo, L., v. Loebenstein, K., Roth, P. (2009): Are central Africa's protected areas displacing hundreds of thousands of rural poor? Conservation and Society 7: 30-45.

Dalgaard, T., Halberg, N. und Porter, J.R. (2001): A model for fossil energy use in Danish agriculture used to compare organic and conventional farming. Agriculture, Ecosystems and Environment 87: 51-65.

Dalgaard T., Hutchings N.J. und Porter J.R. (2003): Agroecology, scaling and interdisciplinarity. Agrulture, Ecosystems and Environment 100: 39-51.

De Fraiture, Wichelns, D., Rockström, J., Kemp-Benedict, E., Eriyagama, N., Gordon, L.J., Hanjra, M.A., Hoogeveen, J., Huber-Lee, A., und Karlbergund, L. (2007): Looking ahead to 2050: Scenarios of alternative investment approaches. World Water Scenarios 2050. International Water Management Institute, Colombo, Sri Lanka.

De Schutter, O. (2010): Report submitted by the Special Rapporteur on the Right to Food. United Nations, General Assembly, 20.12.2010, A/HRC/16/49. www.srfood. org/images/stories/pdf/officialreports/20110308_a-hrc-1649_agroecology_en.pdf.

De Schutter, O. (2012): Agroecology, a tool for the realization of the right to food. In: Lichtfouse, E. (Hrsg.): Agroecology and Strategies for Climate Change, Sustainable Agriculture Reviews 8. Springer, Dordrecht, Heidelberg, London, New York, 116.

Doberman, A. (2004): A critical assessment of the system of rice intensification (SRI). Agricultural Systems 79. 261-281.

Elgert, L. (2013): Shifting the debate about 'responsible soy' production in Paraguay: A critical analysis of five claims about environmental, economic, and social sustainability. Land Deal Politics Initiative Working Paper No. 23. www.iss.nl/ldpi.

Engdahl, F.W.(2007): "Doomsday seed vault in the Arctic". Bill Gates, Rockefeller and the GMO giants know something we don't. Global Research vom 4.12.2007. www. globalresearch.ca/doomsday-seed-vault-in-the-arctic-2/23503

Ernsting, A. (2007): The global blueprint for a biomass economy. Bericht vom Januar 2007, aktualisiert im Juli 2007. www.biofuelwatch.org.uk/2007/the-global-blueprint-for-a-biomass-economy.

FAO (2010): Global forest resources assessment, FAO Forestry Paper Nr. 163, Main Report, Rom 2010. www.fao.org/docrep/013/i1757e/i1757e.pdf.

FAO (2012): Statistical Yearbook. www.fao.org/economic/ess/ess-publications/ess-yearbook/yearbook2012/en.

FIAN (2013): Deutsche Kaffee-Plantage: Ugandisches Gericht spricht Vertriebenen Entschädigung zu. Pressemitteilung vom 9.4.2013. www.fian-deutschland.de.

Forest Peoples Programme (2012): Help the Ogiek to regain their ancestral lands at Chepkitale, Mount Elgon in Kenya. www.forestpeoples.org/topics/rights-land-natural-resources/news/2012/06/help-ogiek-regain-their-ancestral-lands-chepkitale

Francis C., Lieblein G., Gliessman S., Breland T.A., Creamer N., Harwood, Salomonsson L., Helenius J., Rickerl D., Salvador R., Wiedenhoeft M., Simmons S., Allen P., Altieri M., Flora C., Poincelot, R. (2003) Agroecology: The ecology of food systems, Journal of Sustainable Agriculture 22: 99-118.

Friedrichs, M. (2011): Der Pakt mit dem Panda: PR-Desaster beim WWF. Um 18 Uhr war der Dialog zu Ende. www.michaelfriedrichs.de/pakt-panda-pr-desaster-wwf.

Fritz, T. (2010): Das große Bauernlegen. Agrarinvestitionen und der Run auf's Land. FDCL-Verlag, Berlin.

Frost, P.H.G. und Bond, I. (2008): The CAMPFIRE programme in Zimbabwe: Payments for wildlife services. Ecological Economics 65: 776-787.

Fukuyama, F. (1992): The end of history and the last man. Penguin Books, Harmondsworth.

Gardener, B. (2012): Tourism and the politics of the global land grab in Tanzania: markets, appropriation and recognition. The Journal of Peasant Studies 39: 377-402.

Garrity, D.P., Akinnifesi, F.K., Ajayi, O.C., Weldesemayat, S.G., Mowo, J.G., Kalinganire, G., Larwanou, M. und Bayala, J. (2010): Evergreen agriculture: A robust approach to sustainable food security in Africa. Food Security 2: 197-214.

Gattinger, A. und Jawtusch, J. (2011): No-till agriculture – a climate smart solution? Bischöfliches Hilfswerk MISEREOR e.V., Aachen.

Geisler, C. und de Sousa, R. (2001): From refugee to refugee: The African case. Working Paper No. 38. Land Tenure Center, University of Wisconsin-Madison. http://ageconsearch.umn.edu/bitstream/12777/1/ltcwp38.pdf.

Gladis, T. (2002): Welchen Beitrag leisten Hausgärten zur Erhaltung der Biodiversität und zur Ernährungssicherung? In: BUKO Agrar Dossier 25, Schmetterling-Verlag, Stuttgart, 21-27.

Gliessman S.R. (2007): Agroecology: the ecology of sustainable food systems. CRC Press, Taylor & Francis, New York, USA.

Gliessman, S.R. (2013): A voice for sustainability from Latin America. Editorial. Journal of Sustainable Agriculture 36: 1-2.

Gomiero, T. und Paoletti, M.G. (2008): Organic and sustainable agriculture and energy conservation. In: Pimentel, D. (Hrsg.): Biofuels, solar and wind as renewable energy systems: Benefits and risks. Springer, Dordrecht, 425-464.

GRAIN (2010): Unravelling the "miracle" of Malawi's green revolution. Seedling, Januar 2010, 2-12.

GRAIN (2012): Responsible farmland investing? Against the Grain vom 22.8.2012, www.grain.org/article/entries/4564-responsible-farmland-investing-current-efforts-to-regulate-land-grabs-will-make-things-worse.pdf.

Greve, F. (2011): Der lange Weg zur Gerechtigkeit. Amerika21.de vom 22.2.2011. http://amerika21.de/analyse/24122/der-lange-weg-zur-gerechtigkei.

Guerrero, G. (2003): Der Fall des Reservats Montes Azules im Lacandonischen Urwald, Chiapas. www.chiapas.eu/news.php?id=768.

Hauser, S., Nolte, C. und Carsky, R.J. (2006): What role can planted fallows play in the humid and sub-humid zone of west and central Africa? Nutrient Recycling in Agroecosystems 76: 297-318.

Hazarika, G. und Sarangi, S. (2005): Household access to microcredit and child work in rural Malawi. Discussion Paper No. 1567, Institute for the Study of Labor, Bonn, http://ftp.iza.org/dp1567.pdf.

Hecht, S. (2010): The new rurality: Globalization, peasants and the paradoxes of landscapes. Land Use Policy 27: 161-169.

Hecht, S.B. und Saatchi, S.S. (2007): Globalization and forest resurgence: Changes in forest cover in El Salvador. BioScience 57: 663-672.

Hendrix, J. (2007): Editorial response. Renewable Agriculture and Food Systems 22: 84-85.

Herre, R. (2008): Strategien zur globalen Landwirtschaft. Synopse 7 aktueller Konzepte zur ländlichen Entwicklung und Landwirtschaft. Forum Umwelt und Entwicklung, Bonn.

Herrren, H.R. und Neuenschwander, P. (1991): Biological control of cassava pests in Africa. Annual Revue of Entomology 36: 257-283.

Hoering, U. (2007): Agrar-Kolonialismus in Afrika. Eine andere Landwirtschaft ist möglich. VSA-Verlag Hamburg.

Hoering, U. (2010): Wo der Brotkorb hängt. www.globe-spotting.de/comment_brotkorb.html.

Hoering, U. (2012): Verlorene Ernte – Lebensmittelverluste und Ernährungsunsicherheit. Ausmaß und Ursachen, Auswirkungen und Lösungsansätze. FDCL-Verlag Berlin.

Holmes, D. und Brockington, D. (2013): Protected areas – what people say about wellbeing. In: Roe, D., Elliott, J, Sandbrook, C. und Walpole, M. (Hrsg.): Biodiversity conservation and poverty alleviation: exploring the evidence for a link.Wiley & Sons Ltd, Chichester, UK, 160-172.

HRW (2012): "Waiting here for death". Forced displacement and "villagization" in Ethiopia's Gambella region. Human Rights Watch, New York.

Huggins, D.R. und Reganold, J.P. (2008): No-till: The quiet revolution. Scientific American, July 2008, 70-77.

Huismann, W.(2012): Schwarzbuch WWF. Dunkle Geschäfte im Zeichen des Panda. Gütersloher Verlagshaus, Gütersloh.

Hütz-Adams, F. (2011): Palmöl: Vom Nahrungsmittel zum Treibstoff? Entwicklungen und Prognosen für ein umstrittenes Plantagenprodukt. Diakonisches Werk der EKD e.V., Stuttgart.

IAASTD (2009): Agriculture at a crossroads. International Assessment of Agricultural Knowledge, Science and Technology for Development. Global Report. Island Press, Washington, D.C.. http://www.agassessment.org/reports/IAASTD/EN/Agriculture%20at%20a%20Crossroads_Global%20Report%20%28English%29.pdf.

Igoe, J. und Croucher, B. (2007): Conservation, commerce, and communities: The story of community-based wildlife management areas in Tanzania's northern tourist circuit. Conservation and Society 5: 534-561.

Interagency Report (2012): Sustainable agricultural productivity growth and bridging the gap for small-family farms. www.oecd.org/tad/agricultural-policies/50544691.pdf.

Joppa, L.N., Loarie, S.R. und Pimm, S.L. (2009): On population growth near protected areas. PLoS ONE 4: 15. www.plosone.org/article/info%3Adoi%2F10.1371%2Fjournal.pone.0004279.

Jouve, P. (2012): Demographic growth, obstacle or opportunity for sustainable agricultural intensification in sub-saharan Africa? The agrarian transition and the resilience of rural societies. Dossier de l'environnement de l'INRA, No. 32: 105-113.

Juo, A.S.R., Dabiri, A. und Franzluebbers, K. (1995): Acidification of a kaolinitic alfisol under continuous cropping with nitrogen fertilization in West Africa. Plant and Soil 171: 245-253.

Justconservation.org (2010): Stop the eviction of families in the Lacandon Jungle. Information vom 11.11.2010. www.justconservation.org/stop-the-eviction-of-families-in-the-lacandon-jungle.

Kaller-Dietrich, M. (2000): Mais – Ernährung und Kolonialismus. In: Ingruber, D. und

Kaller-Dietrich (Hrsg.): Mais. Geschichte und Nutzung einer Kulturpflanze. Brandes und Apsel, Frankfurt am Main, 13-35.

Kassam, A. und Brammer, H. (2013a): Combining sustainable agricultural production with economic and environmental benefits. The Geographic Journal 179: 11-18.

Kassam, A. und Brammer, H. (2013b): Reply to Sumberg et al. The Geographic Journal 179: 186-187.

Kastner, T., Erb, K.-H., Nonhebel, S. (2011): International wood trade and forest change: A global analysis. Global Environmental Change 21: 947-956.

Kauppi, P.E., Ausubel, J.H., Fang, J., Mather, A.S., Sedjo, R.A. und Waggoner, P.E. (2006): Retruning forests analyzed with the forest identity. Proceedings of the National Academy of Sciences 103: 17574-17579.

Kerkeling, L. (2009): Gouverneur von Chiapas treibt Erschließung voran. Neues Deutschland vom 18.11.2009. www.neues-deutschland.de/artikel/159399.gouverneur-von-chiapas-treibt-erschliessung-voran.html.

Khan, Z., Midega, C., Pittchar, J. Pickett, J. u. Bruce, T. (2011): Push-pull technology: A conservation agriculture approach of integrated management of insect pests, weeds and soil health in Africa. International Journal of Agricultural Sustainability 9: 162-170.

Kisio, H.O. (2013): Conservation and corruption – a deadly combination in Lekiji, Laikipia. Information vom 30.3.2013. www.justconservation.org/lekiji-a-village-in-a-wildlife-corridor.

Kitabu, G. (2012): Three sides of Kilombero evictions drive: Rare species, cattle burden, foreign investment. IPPmedia vom 11.11.2012. www.ippmedia.com/frontend/index.php?l=47877.

Kleijn, D., Rundlöf, M., Scheper, J., Smith, H.G. Tscharntke, T. (2011): Does conservation on farmland contribute to halting the biodiversity decline? Trends in Ecology and Evolution 26: 474-481.

Kreutzberger, S. und Thurn, V. (2011): Die Essensvernichter. Warum die Hälfte aller Lebensmittel im Müll landet und wer dafür verantwortlich ist. Kiepenheuer und Witsch, Köln.

Lambin, E.F. und Meyfroidt, P. (2011): Global land use change, economic globalization, and the looming land scarcity. Proceedings of the National Academy of Sciences 108: 34653472.

Lang, C. (2008): Uganda: Thousands of indigenous people evicted from FSC-certified Mount Elgon National Park. World Rainforest Movement Bulletin No. 131. www.wrm.org.uy/bulletin/131/viewpoint.html#Uganda.

Lang, C. (2012a): Response from Germany's International Climate Initiative: The mediation and consultation process at Harapan "has been rejected by the groups claiming affiliation to SPI". Information vom 21.12.2012. www.redd-monitor.org/2012/12/21/response-from-germanys-international-climate-initiative.

Lang, C. (2012b): WWF scandal (part 3): Embezzlement and evictions in Tanzania. Information vom 9.5.2012 www.redd-monitor.org/2012/05/09/wwf-scandal-part-3-corruption-and-evictions-in-tanzania.

Lang, C. (2013): Two contrasting views oft he Harapan rainforest project, Sumatra, Indonesia. Information vom 12.3.2013. www.redd-monitor.org/2013/03/12/two-contrasting-views-of-the-harapan-rainforest-project-sumatra-indonesia.

Leisher, C., Sanjayan, M, Blockhus, J., Larsen, S.N. und Kotoleon, A. (2013): Does conserving biodiversity work to reduce poverty? A state of knowledge review. In: Roe, D., Elliott, J, Sandbrook, C. und Walpole, M. (Hrsg.): Biodiversity conservation and poverty alleviation: exploring the evidence for a link.Wiley & Sons Ltd, Chichester, UK, 145-159.

Luig, B. (2013): ‚Business Case' Hungerbekämpfung. Der fragwürdige Beitrag von Agribusiness und Nahrungsmittelindustrie zur Ernährungssicherheit. Forum Umwelt und Entwicklung, Berlin. www.forumue.de/fileadmin/userupload/AG_Landwirtschaft_Ernaehrung/Business_Case_Hungerbekaempfung_web.pdf.

Mafabi, D. (2011): Uganda wildlife authority evicts 2.200 from Elgon. The Monitor vom 1.6.2011, http://allafrica.com/stories/201105311291.html.

Maisels, F., Sunderland, T., Curran, B., Loebenstein, K.v., Oates, J., Usongo, L., Dunn, A., Asaha, S., Balinga, M., Defo, L. und Telfer, P. (2007): Central Africa's protected areas and the purported displacement of people: A first critical review of existing data In: Redford, K.H. und Fearn, E. (Hrsg.): Protected areas and human displacement: a conservation perspective. Wildlife Conservation Society Working Paper Series No. 29, New York, 75-89.

Mar (2011): 800.000 face eviction from forest reserves – Uganda. Daily Monitor vom 16.9.2012, www.trinityafer.com/en/index.php/news/11039-800000-face-eviction-from-forest-reserves-uganda.

Masuda, T. und Goldsmith, P.D. (2009): World soybean production: area harvested, yield, and long-term projections. International Food and Agribusiness Management Review 12: 143-161.

Mather, A.S., Fairbairn, J. und Needle, C.L. (1999): The course and drivers of the forest transition: the case of France. Journal of Rural Studies 15: 65-90.

Mayer, A.L., Kauppi, P.E., Angelstam, P.K., Zhang, Y. und Tikka, P.M. (2005): Importing timber, exporting ecological impact. Science 308: 359-360.

Mayer, A.L., Kauppi, P.E., Tikka, P.M. und Angelstam, P.K. (2006): Conservation implications of exporting domestic wood harvest to neighboring countries. Environmental Science and Policy 9: 228-236.

Méndez V.E., Gliessman S.R. und Gilbert G.S. (2007): Tree biodiversity in farmer cooperatives of a shade coffee landscape in western El Salvador. Agriculture, Ecosystems, and Environment 119: 145-159.

Mertens, M. (2011): Glyphosat und Agrogentechnik. Risiken des Anbaus herbizidresistenter Pflanzen für Mensch und Umwelt. NABU-Bundesverband, Berlin. www.nabu.de/imperia/md/content/nabude/gentechnik/studien/nabu-glyphosat-agrogentechnik_fin.pdf.

Meyfroidt, P. und Lambin, E.F. (2011): Global forest transition: Prospects for an end to deforestation. Annual Review of Environment and Ressources 36: 343-371.

Mills Busa, J.H. (2012): Deforestation beyond borders: Addressing the disparity between production and consumption of global resources. Conservation Letters 6: 192-199.

Minority Rights Group (2012): Two years on from African Commission's ruling, Kenya continues to drag its feet in recognising indigenous peoples' ownership of wildlife park, MRG urges government to act. Information vom 1.2.2012 www.minorityrights.org/?lid=11191.

Mooser, J. (1986): Property and wood theft: Agrarian capitalism and social conflict in rural society, 180050. A Westphalian case study. In: Moeller, R.G. (Hrsg.): Peasants and lords in modern Germany. Recent studies in agrarian history. Allan & Unwin, Boston, London und Sydney, 73-78.

Morvaridi, B. (2012): Capitalist Philanthropy and Hegemonic Partnerships. Third World Quarterly 33: 1191-1210.

Mosse, D. (2004): Is good policy unimplementable? Reflections on the ethnography of aid policy and practice. Development and Change 35: 639-671.

Munro, W. (2013): Governing science: Public-private partnerships and the remaking of African agriculture. http://ssrn.com/abstract=2253728.

Münster, D. und Münster, U. (2012): Consuming the forest in an environment of crisis: Nature tourism, forest conservation and neoliberal agriculture in south India. Development and Change 43: 205-227.

Mussa, R. und Pauw, K. (2011): Powerty in Malawi: Current status and knowledge gaps. International Food Policy Research Institute. Malawi Strategy Support Program Policy Note 9. http://41.87.6.35:8080/xmlui/bitstream/handle/123456789/461/Poverty%20in%20Malawi.pdf?sequence=1.

Nelson, F. und Makako, O.-S. (2005): Communities, conservation and conflicts in the Tanzanian Serengeti. Preserving rights to gain benefits. In: Lyman, M. und Child, B. (Hrsg.): Natural ressources as community assets. Lessons from two continents. Sand County Foundation and Aspen Institute, 127-145.

Neves, K. und Igoe, J. (2012): Uneven development and accumulation by dispossession in nature conservation: Comparing recent trends in the Azores and Tanzania. Tijdschrift voor Economische en Sociale Geografie 103: 164-179.

Ngwira, A.R., Kabambe, V.H., Kambauwa, G., Mhango, W.G., Mwale, C.D., Chimphero, L., Chimbizi, A. und Mapfumo, P. (2012): Scaling out best fit legume technologies for soil fertility enhancement among smallholder farmers in Malawi. African Journal of Agricultural Research 7: 918-928.

Nichongaile, C. und Smith, D. (2011): Kenya's Samburu people ‚violently evicted' after US charities buy land. The Guardian vom 14.12.2011. www.guardian.co.uk/world/2011/dec/14/kenya-samburu-people-evicted-land?fb=optOut.

Nkwame, M. (2013): CCM moves to solve Loliondo land dispute. Daily News vom 5.4.2013. www.dailynews.co.tz/index.php/local-news/16147-ccm-moves-to-solve-loliondo-land-dispute.

Noltze, M., Schwarze, S. und Qaim, M. (2013): Impacts of natural resource management technologies on agricultural yield and household income: The system of rice intensification in Timor Leste. Ecological Economics 85: 59-68.

Orr, A. und Ritchie, J.M. (2004): Learning from failure: Smallholder farming systems and IPM in Malawi. Agricultural Systems 79: 31-54.

Palanisami, K, Karunakaran, K.R., Amarasinghe, U. und Ranganathan, C.R. (2013): Doing different things or doing it differently? Rice intensification practices in 13 states of India. Economic and Political Weekly 48 (8): 51-58.

Pearce, F. (2005): Laird of Africa. New Scientist vom 13.8.2005, 4850.

Pedersen, K. (2008): Naturschutz und Profit. Menschen zwischen Vertreibung und Naturzerstörung. Unrast, Münster.

Perfecto, I. und Vandermeer, J. (2008): Biodiversity conservation in tropical agrosystems. A new conservation paradigm. Annals of the New York Acadamy of Sciences 1134: 173-200.

Perfecto, I., Vandermeer, J. und Wright, A. (2009): Nature's Matrix: Linking Agriculture, Conservation and Food Sovereignty. Earthscan.

Phalan, B. (2007): Comment on "Resource-Conserving Agriculture Increases Yields in Developing Countries". Environmental Science and Technology 41: 1054-1055.

Phalan, B., Onial, M., Balmford, A., Green, R.E. (2011a): Reconciling food production and biodiversity conservation: Land sharing and land sparing compared. Science 333: 1289-1291.

Phalan, B., Balmford, A., Green, R.E., Scharlemann, J.P.W. (2011b): Minimising the harm to biodiversity of producing more food globally. Food Policy 36 (Suppl. 1): S62-S71.

Philipps (2007): The 2002 Malawi famine. Case Study #71 of the program "Food policy for developing countries: The role of government in the global food system." Cornell University Ithaca, New York.

Pistorius, T. (2007): Finanzierungs- und Umsetzungsmechanismen für ein globales Wald-schutzgebiets-Netzwerk unter der CBD. Präsentation auf der Vorbereitungskonferenz der deutschen NGOs für die COP9 der CBD, Bonn 11./12.12.2007.

Poshiwa, X., Groeneveld, R.A., Heitkönig, I.M.A., Prins, H.H.T. und van Ierland, E.C. (2013): Wildlife as insurance against rainfall fluctuations in a semi-arid savanna setting in southeastern Zimbabwe. Tropical Conservation Science 6: 108-125.

Potts, D. (2012): What ever happened to Africa's rapid urbanization? Africa Research Institute, Counterpoint Series, London, 16 S. http://africaresearchinstitute.org/newsite/wp-content/uploads/2013/03/Whatever-happened-to-Africas-rapid-urbanisation-6PZXYPRMW7.pdf

Pretty, J.N. (1997): The sustainable intensification of agriculture. Natural Resources Forum 21: 247-256.

Pretty, J.N., Noble, A.D., Bossio, D., Dixon, J., Hine, R.E., Penning de Vries, F.W.T., und Morison, J.I.L. (2006): Resource-conserving agriculture increases yields in developing countries. Environmental Science and Technology 40: 1114-1119.

Pretty, J., Hine, R.E., Morison, J.I.L., Noble, A.D., Bossio, D., Dixon, J, und Penning de Vries, F.W.T. (2007): Response to comment on "Resource-conserving agriculture increases yields in developing countries". Environmental Science and Technology 41: 1056-1057.

Quinion, A., Chirwa, P.W., Akinnifesi, F.K., und Ajayi, O. (2010): Do agroforestry technologies improve the livelihoods of the resource poor farmers? Evidence from Kasungu and Machinga districts of Malawi. Agroforestry Systems 80: 457-465.

Raina, (2010): Warum hält der Weltagrarbericht das Potenzial der Kleinbauern, den Hunger zu reduzieren, für so gross?. Böll.Thema 2/10. Landwirtschaft und Klimawandel, 10-11.

Ramankutty, N., Heller, E. und Rhemtulla, J. (2010): Prevailing myths about agricultural abandonment and forest regrowth in the United States. Annals of the Association of American Geographers 100: 502-512.

Relyea, R.A. und Jones, D.K. (2009): The toxicity of roundup original max* to 13 species of larval amphibians. Environmental Toxicology and Chemistry 28: 2004-2008.

Rodary, E. (2009): Mobilizing for nature in southern African community-based conservation policies, or the death of the local. Biodiversity and Conservation 18: 2585-2600.

Roe, D., Elliott, J, Sandbrook, C. und Walpole, M. (2013a): Biodiversity conservation and poverty alleviation: exploring the evidence for a link. Wiley & Sons, Ltd, Chichester, UK.

Roe, (2013b): Tackling global poverty. What contribution can biodiversity and its conservation really make? In: Roe, D., Elliott, J, Sandbrook, C. und Walpole, M. (Hrsg.): Biodiversity conservation and poverty alleviation: exploring the evidence for a link. Wiley & Sons Ltd, Chichester, UK, 316-327.

Rudel, T.K., Coomes, O.T., Moran, E., Achard, F., Angelsen, A., Xu, J. und Lambin, E. (2005): Forest transitions: Towards a global understanding of land use change. Global Environmental Change 15: 23-31.

Rudel, T.K. (2009): Tree farms: Driving forces and regional patterns in the global expansion of forest plantations. Land Use Policy 26: 545-550.

Schmidt-Soltau, K. (2003): Conservation-related resettlement in Central Africa: Environmental and social risks. Development and Change 34: 525-551.

Schmidt-Soltau, K. (2005): The environmental risks of conservation-related displacements in Central Africa. In: Ohta, I. und Gebre, Y.D. (Hrsg.): Displacement risks in Africa. Kyoto University Press, 282-311.

Scoones, I. und Thompson, J. (2011): The politics of seed in Africa's green revolution: alternative narratives and competing pathways. IDS Bulletin 42: 123.

Schouten, G. und Glasbergen, P. (2011): Creating legitimacy in global private govenance: the case oft he Roundtable of Sustainable Palm Oil. Ecological Economics 70: 1891-1899.

Schulte-Herbrüggen, B. (2011): The importance of bushmeat in the livelihoods of cocoa farmers living in a wildlife depleted farm-forest landscape, SW Ghana. Dissertation, University College London, Department of Anthropology.

Schwab, T. (2012): Neumann in Uganda. Wie ein deutscher Kaffee-Konzern Landraub ignoriert. Frankfurter Rundschau 2.4.2012. http://www.fr-online.de/wirtschaft/neumann-in-uganda-wie-ein-deutscher-kaffee-konzern-landraub-ignoriert-,1472780,14585232.html.

Sedjo, R.A. und Botkin, D. (1997): Using forest plantations to spare natural forests. Environment 39: 1520.

Seidler, C. (2011): Vorwürfe gegen den WWF: Sturm im Pandaland. Der Spiegel Online vom 23.6.2011. www.spiegel.de/wissenschaft/natur/vorwuerfe-gegen-den-wwf-sturm-im-pandaland-a-770184.html.

Séralini, G.-E., Clair, E., Mesnage, R., Gress, S., Defarge; N., Malatesta, M. Hennequin, D. und Spiroux de Vendômois, J. (2012): Long term toxicity of a Roundup herbicide and a Roundup-tolerant genetically modified maize. Food and Chemical Toxicology 50: 4221-4231.

Shankar. M. (2012): Indigenous rights versus wildlife rights? Inter Press Service vom 13.1.2012. www.ipsnews.net/2012/01/india-indigenous-rights-versus-wildlife-rights-ndash-part-1.

Sigalla, H. (2013): Trade-offs between wildlife conservation and local livelihood: Evidence from Tanzania. African Review 40: 155-178.

SIPAZ (2012): Schwerpunkt: Nachhaltige Land-Städte – »Verletzte Rechte, urbanisierte KleinbäuerInnen«. SIPAZ Bericht 17, Nr. 2, Mai 2012. www.sipaz.org/de/berichte/107-informe-sipaz-vol-xvii-no-2-mayo-de-2012/427-enfoque-ciudades-rurales-sustentables-derechos-violados-campesinos-urbanizados.html.

Somers, G.F. (1960): Pharmacological properties of thalidomide (a-phthalimido glutarimide), a new sedative hypnotic drug. British Journal of Pharmacology 15: 111-116.

St. Clair, J. (2002): Panda porn, the marriage of WWF and Weyerhaeuser. Conterpunch vom 5.12.2002. www.counterpunch.org/2002/12/05/panda-porn-the-marriage-of-wwf-and-weyerhaeuser/.

Stäcker, C. (2011): KAZA soll alle Grenzen sprengen. ARD-Beitrag vom 18.8.2011. www.tagesschau.de/ausland/kazavertrag100.html (nicht mehr online verfügbar).

Ståhls, M.H., Mayer, A.L., Tikka, P.M. und Kauppi, P.E. (2010): Disparate geography and consumption, production and environmental impacts. Forest products in Finland 19912007. Journal of Industrial Ecology 14: 576-585.

Stoop, W.A., Uphoff, N. und Kassam, A. (2002): A review of agricultural research issues raised by the system of rice intensification (SRI) from Madagascar: Opportunities for improving farming systems for resource-poor farmers. Agricultural Systems 71: 249-274.

Stricker, P. (2007): Toward a culture of nature. Environmental policy and sustainable development in Cuba. Lexington Books, Lanham, Boulder, New York, Toronto, Plymoth, UK.

Sumberg, J., Andersson, J., Giller, K. und Thompson, (2013): Response to 'Combining sustainable agricultural production with economic and environmental benefits'. The Geographic Journal 179: 183-185.

Teoh, C.H. (2010): Key sustainability issues in the palm oil sector. The World Bank, 50 S. http://siteresources.worldbank.org/INTINDONESIA/Resources/226271-1170911056314/Discussion.Paper_palmoil.pdf.

Thakur, A.K., Uphoff, N. und Antony, E. (2009): An assessment of physiological effects of system of rice intensification (SRI) practices compared with recommended rice cultivation practices in India. Experimental Agriculture 46: 77-98.

Thompson, C.B. (2012): Alliance for a green revolution in Africa (AGRA): Advancing the theft of African genetic wealth. Review of African Political Economy 39; 345-350.

Tougiani, A., Guero, C. und Rinaudo, T. (2009): Community mobilization for improved livelihoods through tree crop management in Niger. GeoJournal 74: 377-389.

Tozer, J. (2010): British woodlands more extensive today than they have been since 1750. Daily Mail vom 4.10.2010. www.dailymail.co.uk/news/article-1317440/British-woodlands-extensive-today-1750.html#ixzz1mugi6OvZ.

Tscharntke, T., Clough, Y., Wagner, T.C., Jackson, L.J., Motzke, I., Perfecto, I., Vandermeer, J. und Whitbread, A. (2012): Global food security, biodiversity conversation and the future of agricultural intensification. Biological Conservation 151: 53-59.

Tschajanow, A. (1987): Die Lehre von der bäuerlichen Wirtschaft. Versuch einer Theorie der Familienwirtschaft im Landbau. Campus, Frankfurt/New York –Verlag. Wiederabdruck der 1923 beim Parey-Verlag Berlin erschienenen deutschen Erstausgabe.

Turner, M. (1984): Enclosures in Britain 1750-1830. Macmillan Press, London.

UNO (2011): World urbanization prospects. The 2011 revision. Executive Summary.

United Nations Department of Economic and Social Affairs/Population Division, 1. http://esa.un.org/unup/Documentation/highlights.htm.

Uphoff, N. (2003): Higer yields with fewer external inputs? The system of rice intensification and potential constributions to agricultural sustainability. International Journal of Agricultural Sustainability 1: 38-50.

Vanloqueren, G. und Baret, P.V. (2009): How agricultural research systems shape a technological regime that develops genetic engineering but locks out agroecological innovations. Research Policy 38: 971-983.

Vedeld, P., Jumane, A., Wapalila, G. und Songorwa, A. (2012): Protected areas, poverty and conflicts. A livelihood case study of Mikumi National Park, Tanzania. Forest Policy and Economics 21: 2031.

West, P., Igoe, J. and Brockington, D. (2006): Parks and peoples: The social impact of protected areas. Annual Review of Anthropology 35: 251-277

Wezel, A., Bellon, S., Doré, T., Francis, C., Vallod, D. und David, C. (2009): Agroecology as a science, a movement and a practice. A review. Agronomy for Sustainable Development 29: 503-515.

Wilson, J. (2013): The urbanization of the countryside. Depoliticization and the production of space in Chiapas. Latin American Perspectives 189: 218-236.

Winstanley, M. (2004): Agriculture and Rural Society. In: Williams, C. (Hrsg.): A Companion to Nineteenth-Century Britain. Blackwell Publishing Ltd., Malden, Oxford, Melbourne, 205-222.

Wittemyer, G., Elsen, P., Bean, W.T., Burton, A.C.O. und Brashares, J.S. (2008): Accelerated human population growth at protected area edges. Science 321: 123-126.

World Bank (2007): Agriculture for development. World development report 2008. World Bank, Washington. http://siteresources.worldbank.org/INTWDRS/Resources/477365-1327599046334/8394679-1327606607122/WDR_00_book.pdf.

WWF (2004): Are protected areas working? An analysis of forest protected areas. WWF International, Gland, Schweiz. http://awsassets.panda.org/downloads/areprotectedareasworking.pdf.

WWF (2011): Der Pakt mit dem Panda – WWF-Faktencheck. WWF Pressemitteilung vom 27.06.2011. www.wwf.de/themen/huismann-kritik-pakt-mit-dem-panda-faktencheck/der-pakt-mit-dem-panda-im-faktencheck (nicht mehr online verfügbar).

Wuethrich, B. (2007): Reconstructing Brazil's Atlantic rainforest. Science 315: 1070-1072.

Zobor, K.G. (2009): Soy Industry Adopts Environmental Standards. WWF-Pressemitteilung vom 29.5.2009. www.reuters.com/article/2009/05/29/idUS173660+29-May-2009+BW20090529.

Zoomers, A. (2010): Globalisation and the foreignisation of space: Seven processes driving the current global land grab. The Journal of Peasant Studies 37: 429-447.

Abkürzungsverzeichnis

AGRA   *Alliance for a Green Revolution in Africa* (Megaprojekt zur Einbindung afrikanischer KleinbäuerInnen in die globale Landwirtschaft)

BMZ   Bundesministerium für wirtschaftliche Zusammenarbeit

CAADP   *Comprehensive Africa Agricultural Development Programme* (2003 von der afrikanischen Union etabliertes Programm)

CAMPFIRE   *Communal Areas Management Programme for Indigenous Resources* (System Gemeinde-basierter Naturschutzprojekte in Simbabwe)

CAS-IP   *Central Advisory Service on Intellectual Property* (Zentraler Beratungsdienst für geistiges Eigentum)

CFU   *Conservation Farming Unit* (NGO zur Förderung agrarökologischer Verfahren in Sambia)

CGIAR   *Consultative Group on International Agricultural Research* (übergeordnete Organisation für 15 internationale, inzwischen größtenteils privat finanzierte internationale Agrarforschungsinstitute)

CI   *Conservation International* (transnationale Naturschutzorganisation)

DFID   *Department for International Development* (britisches Gegenstück zum BMZ)

DWS   DWS Investments – 1956 gegründet und heute mit 147 Mrd. EUR betreutem Kundenvermögen, Teil der Deutsche Asset & Wealth Management (Teil der Deutschen Bank)

DZI   Deutschen Zentralinstitut für soziale Fragen

FAO   *Food and Agricultural Organization* (Welternährungsorganisation)

FIAN   Laut eigener Website (ist) »das Food First Informations- und Aktions-Netzwerk die Internationale Menschenrechtsorganisation für das Recht auf Nahrung und in 18 Ländern auf allen fünf Kontinenten vertreten«

FSC   Forest Stewardship Council (von kritischen NGOs bezweifeltes System zur Zertifizierung nachhaltiger Forstwirtschaft)

GEF   *Global Environmental Facility* (Substruktur der Weltbank)

GM   Gentechnich manipuliert

ICRISAT   *International Crop Research Institute for the Semi-Tropics* – zur Hälfte von der Gates-Stiftung finanziertes Institut, das sich unter dem Dach der *Consultative Group on International Agricultural Research* (CGIAR) befindet.

IFAD   *International Fund for Agricultural Development* (1977 gegründete Spezialorganisiation der UNO zur Finanzierung landwirtschaftlicher Projekte)

IITA   *International Institute for Tropical Agriculture* (von der Gates-Stiftung mitfinanziertes CGIAR-Institut – vgl. ICRISAT)

ILO   *International Labor Organisation* (Internationale Arbeitsorganisation der UNO)

IUCN   *International Union for Conservation of Nature and Natural Resources*, eine Naturschutz-Dachorganisation, deren Mitglieder aus über 1.000 staatlichen und nichtstaatlichen Institutionen bzw. Organisationen bestehen.

KfW	Kreditanstalt für Wiederaufbau (wichtigste Finanzinstitution der deutschen Entwicklungszusammenarbeit)
MST	*Movimento dos Sem Terra* (brasilianische Landlosenbewegung)
N2Africa	›Stickstoff für Afrika‹ (von der Gates- und Rockefeller-Stiftung initiiertes Projekt zur Privatisierung von Leguminosen-Saatgut)
NFTP	*Non-Timber Forest Products* (Nicht-Holz-Waldprodukte)
NGO	*Non-Government-Organization* (Nichtregierungsorganisation)
PAN	*Pesticide Action Network* (internationale NGO, die zu Auswirkungen des Einsatzes von Pestiziden arbeitet)
REDD	*Reduced Emissions from Deforestation and Forest Degradation* (Sammelbezeichnung für verschiedene Konstrukte des globalen Emissionshandels)
RSPO	Round Table for Sustainable Palm Oil
RTRS	*Round Table on Responsible Soy*
SIPAZ	*Servicio Internacional para la Paz* (NGO in Chiapas, Mexiko)
SRI	(agrarökologisches) System der Reisintensivierung
TNC	*The Nature Conservancy* (transnationale Naturschutzorganisation)
TÜV	Technischer Überwachungsverein
UNICEF	1946 unter dem Namen *United Nations International Children's Emergency Fund* gegründetes Kinderhilfswerk der UNO (1953 umbenannt in United Nations Children's Fund)
USAID	*United States Agency for International Development* (US-›Entwicklungshilfe‹-Agentur)
WEED	*World Economy, Ecology & Development* (Weltwirtschaft, Ökologie & Entwicklung). 1990 gegründete deutsche NGO
WWF	*World Wide Fund for Nature* (früher *World Wildlife Fund*, (transnationale Naturschutzorganisation)

Register

assoziation Linker Verlage

In der *Assoziation Linker Verlage* sind Kleinverlage mit politisch enga-
giertem Programm zusammengeschlossen. Seit 1994 koordinieren wir
Werbung und Vertrieb und sparen auf diese Weise Geld und Zeit, sodass
mehr Ressourcen für unsere eigentliche Aufgabe verbleiben: das Bücher-
machen.

Die *aLiVe*-Verlage verstehen sich als Teil der linken Gegenöffentlichkeit.
Wir bieten kritischen Köpfen und sozialen Bewegungen ein Forum, politische Ideen vorzustellen, in die Gesellschaft zu tragen und kontrovers zu
diskutieren. Deshalb arbeiten wir eng mit sozialen Bewegungen zusammen, greifen ihre Themen auf, begleiten aktuelle Debatten, diskutieren auf
Demos, Tagungen und Kongressen.

In der Assoziation Linker Verlage arbeiten zusammen:

AG SPAK Bücher
www.agspak-buecher.de

Neuer ISP Verlag
www.neuerispverlag.de

Alibri Verlag
www.alibri.de

Schmetterling Verlag
www.schmetterling-verlag.de

Edition Assemblage
edition-assemblage.de

Trotzdem Verlag
www.trotzdem-verlag.de

Verlag Edition AV
www.edition-av.de

Unrast Verlag
www.unrast-verlag.de

Assoziation Linker Verlage ◆ www.alive-verlage.de

Unterstützt die zapatistische Selbstverwaltung!

Kaffeekollektiv Aroma Zapatista eG

Solidarischer Handel mit zapatistischem Kaffee

Kaffee Kollektiv Aroma Zapatista

Am Veringhof 11
21107 Hamburg
Tel: 040-28 78 00 15
kaffeekollektiv@aroma-zapatista.de

Infos und Online-Shop:
www.aroma-zapatista.de

---

zwischenzeit e.V. präsentiert:

Der Aufstand der Würde
Die zapatistische Bewegung in Chiapas / Mexiko
Dokumentarfilm über den Aufstand der Zapatistas und deren
Selbstverwaltung, DVD, 65 Min., deutsch oder spanisch, Chiapas/D 2007

Das Recht glücklich zu sein
Der Kampf der zapatistischen Frauen in Chiapas / Mexiko
Buch und Film über das „Erste Treffen der zapatistischen Frauen
mit den Frauen der Welt" Ende 2007 in La Garrucha, Chiapas
DVD auf deutsch und spanisch

Wenn das Land zur Ware wird
Dokumentarfilm über die Auswirkungen kapitalistischer Projekte wie
Ölpalmenmonokulturen, Tourismusanlagen und Zwangsurbanisierung
auf die indigenen Gemeinden in Chiapas sowie der Widerstand und
Alternativen demgegenüber. DVD , 71 Min., Chiapas/D 2013

Zwischenzeit e.V. - Initiative für soziale, interkultutrelle und ökologische Forschung, Analyse und Bildung
Mehr Infos und Bestellung: www.zwischenzeit-muenster.de   liste@zwischenzeit-muenster.de

Vandana Shiva

Biopiraterie

Kolonialismus des 21. Jahrhunderts. Eine Einführung

154 Seiten | 14 Euro | ISBN 978-3-89771-416-8

»(...) Vandana Shiva begehrt auf gegen neue Formen von Ausbeutung und Zerstörung. kenntnisreich, scharfsinnig und radikal nimmt sie Stellung gegen den Bio-Kolonialismus. Auch wenn das bereits 1997 erstmals veröffentlichte und weltweit beachtete Buch erst jetzt in Deutsch erscheint, hat es nichts von seiner Brisanz verloren.«

WDR 3

Klaus Pedersen

Naturschutz und Profit

Menschen zwischen Vertreibung und Naturzerstörung

140 Seiten | 13.80 Euro | ISBN 3-89771-476-2

»Welche Arroganz, Naturschutz besserwisserisch exportieren zu wollen und unter diesem Vorwand die seit Jahrtausenden ansässige Bevölkerung zu entrechten und zu vertreiben und ihr Wissen zu verhöhnen! Ist das die Wiedergutmachung für die Umweltsünden im eigenen Land? «
                          Gereon Janzing | Kritische Ökologie

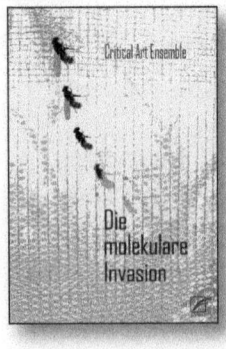

Critical Art Ensemble

Die molekulare Invasion

Strategien gegen die Biotechnologie
im globalisierten Kapitalismus

110 Seiten | 14 Euro | ISBN 978-3-89771-445-0

Die Biotechnologie durchdringt im globalisierten Kapitalismus stetig mehr und mehr jede Form von Organismus. Damit geht auch eine kapitalistische Verwertung und Privatisierung einher.
Ein Handbuch mit radikalen Analysen und politischen Handlungsoptionen.

UNRAST Verlag • Postfach 8020 • 48043 Münster

www.unrast-verlag.de • E-Mail: info@unrast-verlag.de

Herrmann Bellinghausen

Acteal – Ein Staatsverbrechen

176 Seiten | 13 Euro | ISBN 978-3-89771-040-5
Studien zur globalen Gerechtigkeit | band 1

Acteal, der Name eines Dorfes im Hochland von Chiapas, ist für viele Mexikaner_innen ein Synonym für das blutigste Massaker in der jüngsten Geschichte Mexikos. Am 22. Dezember 1997 wurden in dem von Tsotziles bewohnten Dorf 45 Menschen, darunter Kinder und schwangere Frauen, von Paramilitärs kaltblütig umgebracht.

Luis Hernández Navarro

Wer Beton sät, wird Zorn ernten

Mexikos Umweltbewegung von unten

200 Seiten | 14 Euro | ISBN 978-3-89771-049-8
Studien zur globalen Gerechtigkeit | band 2

In Mexiko sind Aktivisten und Bauern, die sich für den Erhalt ihrer natürlichen Lebensgrundlagen einsetzen, regelmäßiger Repression ausgesetzt oder bezahlen ihr Engagement sogar mit dem Leben. Navarro schreibt vom Raubbau an den natürlichen Ressourcen und dem Widerstand gegen die fortschreitende Zerstörung der Umwelt.

Luz Kerkeling

¡RESISTENCIA!

Umweltzerstörung, Marginalisierung und indigener Widerstand in Südmexiko

576 Seiten | 26,80 Euro | ISBN 978-3-89771-038-2
Studien zur globalen Gerechtigkeit | band 4

Die Konsequenzen der aktuellen gesellschaftlichen Entwicklungen im Kontext neoliberaler und militaristischer Politik aus der Perspektive der indigenen Widerstandsbewegungen in den südmexikanischen Bundesstaaten Chiapas, Oaxaca und Guerrero.

UNRAST Verlag • Postfach 8020 • 48043 Münster

www.unrast-verlag.de • E-Mail: info@unrast-verlag.de

Peyman Javaher-Haghighi

Sehnsucht nach Freiheit

Aufstieg der Demokratiebewegung im Iran

200 Seiten | 14.00 Euro | ISBN 978-3-89771-039-9

Die Demokratiebewegung im Iran stellt den Schwerpunkt dieses Buches dar. Durch eine Fülle von Informationen werden einerseits die Entwicklung dieser Bewegung und andererseits das repressive politische System analysiert. Dabei geht es stets um eine kritische Darstellung der gesellschaftlichen Verhältnisse und der politischen Strukturen im Iran.

Peyman Javaher-Haghighi, Hassan Azad & Hamid Reza Noshadi

ARABELLION

Die arabische Revolution für Freiheit und Brot von Kairo bis Damaskus

256 Seiten | 14.00 Euro | ISBN 978-3-89771-048-1

Kritische Betrachtung und Analyse der Ursachen und des Verlaufs der Arabischen Rebellionen und Revolutionen. Die Revolutionen dreier Länder stehen im Mittelpunkt dieser Studie: Ägypten, Libyen und Syrien

Juliane Schumacher & Gaby Osman

Tahrir und kein Zurück

Ägypten, die Bewegung und der Kampf um die Revolution

260 Seiten | 16.80 Euro | ISBN 978-3-89771-045-0

In Interviews, Porträts und Analysen kommen diejenigen jungen Menschen zu Wort, die Anfang 2011 den Präsidenten Husni Mubarak stürzten – und damit innerhalb von wenigen Tagen zu einem bedeutenden politischen Akteur in Ägypten wurden.

UNRAST Verlag • Postfach 8020 • 48043 Münster

www.unrast-verlag.de • E-Mail: info@unrast-verlag.de